빵 굽는 CEO

빵 굽는 *CEO*

1판 1쇄 발행_ 2005. 9. 5.
1판 25쇄 발행_ 2023. 12. 1.

저자_ 김영모

발행인_ 고세규

등록번호_ 제406-2003-036호
등록일자_ 1979. 5. 17.

경기도 파주시 문발로 197(문발동) 우편번호 10881
마케팅부 031)955-3100, 편집부 031)955-3200, 팩스 031)955-3111

저작권자 ⓒ 2005 김영모
이 책의 저작권은 저자에게 있습니다. 저자와 출판사의 허락 없이
내용의 일부를 인용하거나 발췌하는 것을 금합니다.

COPYRIGHT ⓒ 2005 by KIM, YOUNG MO
All rights reserved including the rights of reproduction
in whole or in part in any form. Printed in KOREA.

값은 뒤표지에 있습니다.
ISBN 978-89-349-1928-5   03810

홈페이지 www.gimmyoung.com   블로그 blog.naver.com/gybook
인스타그램 instagram.com/gimmyoung   이메일 bestbook@gimmyoung.com

좋은 독자가 좋은 책을 만듭니다.
김영사는 독자 여러분의 의견에 항상 귀 기울이고 있습니다.

빵 굽는 CEO

‖ 김영모 지음 ‖

김영사

책머리에

빵은 내 인생의 스승이다

배고프고 외로웠던 어린 시절, 나의 유일한 위안은 초등학교 앞 작은 빵집의 유리진열장을 바라보는 것이었다. 고소한 빵 냄새, 설탕 가루가 솔솔 뿌려진 도넛은 나를 사로잡았다. 운이 좋은 날엔 빵도 얻어먹을 수 있었다. 그때의 빵 맛은 평생 잊을 수가 없다. 그 빵을 한 입 베어 물면, 나는 배고픔도 외로움도 모르는 세상에서 가장 행복한 아이가 된 기분이었다.

학교를 그만두고 집을 뛰쳐나와 혼자 살아가겠다고 결심한 무렵, 내 머릿속에 가장 먼저 떠오른 것은 빵집이었다. 그렇게 나는 빵 만드는 사람이 되었다. 내 나이 17살이었다.

모든 불행이 다 내게로만 온 것 같아, 뜻대로 되지 않는 세상을 향해 분노의 주먹을 휘두르던 청년시절, 밖에서는 그렇게 거칠어도 빵 앞으로만 돌아오면 나는 순한 양이 되었다.

철이 들어 내가 얼마나 삶의 목표도 지향도 없이 살아왔는가를 깨달았을 때, 나는 마음을 담아 맹세를 했다. '최고로 빵을 잘 만드는 사람'이 되겠다고. 그 순간부터 빵은 나의 스승이 되었다. 빵을 반죽하며 내 마음을 다스리는 법을 배웠고, 빵을 구우며 인생을 기다리는 법을 배웠으며, 내 빵을 먹는 사람들을 보며 감사와 겸허를 배웠다. 나는 빵을 만들었지만 빵은 나를 만들어온 것이다.

김영모 과자점은 타워팰리스 사람들의 입맛을 사로잡았다 해서 '타워팰리스 전용 빵집'이라고도 불린다. 사람들은 나에게 성공한 비결이

뭐냐고 묻는다. 타워팰리스의 주민이기도 한 나를 보며, 정말 빵만 팔아서 그곳에 살게 되었느냐고도 묻는다.

개업 23년에 이제 겨우 4개 점포를 가지고 있을 뿐인데, 이걸 성공이라 해도 되는 건지 모르겠다. 하지만 분명한 건 나는 돈을 벌기 위해 애쓴 적이 한 순간도 없으며 오로지 좋은 빵, 최고의 빵을 만들기 위해 내 열정과 마음을 쏟았다는 것이다. 그리고 빵 만드는 것 외에는 다른 재주도 없으니 다른 것으로 돈 번 적도 없다. 검정 고무신을 신고, 주머니에는 차비만 달랑 넣고 서울로 올라온 이후로 나는 30여 년간 빵만 만들며 살았다.

빵을 만들 때 가장 먼저 생각하는 것은, 내 빵을 먹게 될 사람이다. 내 빵을 그 사람이 맛있게 먹고 건강해지기를 바란다. 내 빵이 그 사람의 몸을 채우고 마음을 채워 행복하게 만들기를 바란다. 그런 생각을 하면 재료 하나, 손길 하나도 소홀히 할 수가 없다. 좋은 빵이 아니면 세상에 내놓을 수 없기 때문이다. 그러니 나는 빵을 통해 점점 좋은 사람이 되어간다.

하늘이 나에게 빵 만드는 재주를 주신 것에 감사한다. 평생 빵 만드는 사람으로 살아갈 수 있어 행복하다. 나는 세상에서 가장 맛있는 빵, 가장 신선한 빵을 만들기 위해 죽는 날까지 노력할 것이다.

김영모

차례

책머리에 _ 4

나는 빵에 목숨 바친 남자

1

1) 때로는 바보 같은 결정을 내려야 할 때가 있다　**12**　새벽의 고민 ｜ 사라질 뻔했던 빵집 ｜ 돈보다는 사람을 택하자
2) 빵이 내게 준 자유　**18**　고교 중퇴자의 깨달음 ｜ 나는 빵의 고수다 ｜ 59잔의 술을 받아 마시다
3) 빵을 버리는 사나이　**24**　크리스마스 이브의 악몽 ｜ 손님은 보이지 않는 것도 보는 사람
4) '김영모'라는 이름 석 자를 걸다　**29**　내 이름을 건 빵집 ｜ 된장국 하나로 버틴 세월
5) 동네 빵집이 대형 프랜차이즈를 물리치다　**33**　윈도 베이커리로 승부하다 ｜ 막강한 복병의 출현
6) '서초구' 하면 가장 먼저 떠오르는 것　**37**　강남의 명물 빵집 ｜ 김사모를 결성한 열혈 팬들
7) 천연발효를 성공시키다　**41**　채소보다 신선한 빵 ｜ 6년 만에 성공한 천연발효
8) 타워팰리스 사람들의 입맛을 사로잡아라　**46**　시식행사 날의 풍경 ｜ 팔방미인이 돼야 하는 게 사장 ｜ 타워팰리스 케이크, 아크로빌 빵

눈물 젖은 빵을 먹어보지 않은 사람은 인생을 논하지 말라

2

1) 그래도 사는 게 낫지 않겠니 54 세 분의 어머니, 두 분의 아버지 | 여기가 네 아버지 집이다
2) 빵집 진열장을 들여다보던 배고픈 소년 61 걸어서 걸어서 해남으로 | 어머니와의 첫 만남 | 빵과 인연을 맺다
3) 소년원에서 건진 인생 68 술과 주먹의 날들 | 깨어진 적금통장
4) 최악의 경우를 받아들여라, 그리고 그것을 개선하라 74 등 떠밀려 간 군대 | 내 인생을 바꾼 한 권의 책 | 최고라는 목표
5) 단칸 셋방으로 떠난 신혼여행 84 딸 도둑질 | 어머니, 아내와 보낸 첫날밤 | 내 가게 그리고 내 가족 | 모두 다 진짜 가족

최고만이 살 길이다

3

1) 천금과 바꾼 교훈 94 배움 도둑질 | 나눌수록 커지는 기술
2) 재료들과 벌인 한판 씨름 101 공장장은 천 개의 눈을 가진 인드라 | 더 좋은 재료는 없을까?
3) 최고가 아니면 하지 않는다 107 기계 욕심은 참기 어려워 | 내 눈을 뜨게 해준 곤잘레스 씨 | 가난한 빵 장수의 해외 연수
4) 손맛인가, 과학인가 121 작은 데이터의 중요성 | 빵의 진화를 꿈꾸며
5) 기능인은 머릿속에 있는 모든 것을 손으로 표현할 줄 아는 사람 128 기능장 시험에의 도전 | 나는 빵을 만들고 빵은 나를 만든다 | 불멸의 사커 토르테

김씨네 가게엔 열정이 산다

4

1) 작은 고추는 매워야 한다 138 아내의 마술 | 좁은 가게를 넉넉함으로 가득 채워라
2) 시식용 빵은 판촉물이 아니다 146 대가를 바라지 않는 공짜 빵의 마술 | 하나 더 얹어주는 게 서비스?
3) 고객은 우리 가게 최고의 자산 153 김영모 카드를 갖고 계세요? | 슈크림 식중독 사건 | 불만을 토로하는 고객이 충성 고객
4) 타협해야 할 것과 타협하지 말아야 할 것 162 로스를 줄이면 경영이 웃는다 | 토요일엔 서두르세요 | 케이크는 치마 길이에 맞춰 춤을 춘다
5) 이 빵 먹고 힘내세요 171 지역사회와 빵을 나누는 의미 있는 일 | 하늘이 주신 선물에 보답하는 길

좋은 경영, 맛있는 성공

5

1) 언제, 어디까지 성장할 것인가 **176**　빵인가, 돈인가 ｜ 건강한 네트워크 만들기
2) 정말 빵만 팔아 번 돈인가요? **183**　빚지지 않는 신중함, 빚지는 과감함 ｜ 나는 적금통장이 제일 좋다 ｜ 내 생일보다 중요한 신용
3) 숫자보다 중요한 것 **192**　매출액은 목표가 될 수 없다 ｜ 작은 목소리에 귀 기울여라
4) 맞지 않는 사람, 버려야 할 사람 **200**　실수는 잘못이 아니지만 정성 없는 빵은 잘못이다 ｜ 능력과 보수 사이
5) 사람이 바로 최고의 비즈니스 모델 **208**　가족 같은 경영 시스템 ｜ 제과 기능인을 꿈꾸는 사람을 위한 조언 ｜ 사람을 믿지 않으면 무엇을 믿으랴 ｜ 나를 위해 드리는 기도

수백 년 전통을 잇는 빵집을 꿈꾸며

6

1) 좋은 남편, 그리고 존경받는 아버지 되기 **220**　결혼기념일의 약속 ｜ 우리 부부를 구해주세요 ｜ 좋은 아버지 딜레마
2) 아버지보다 가방끈이 짧은 중졸 아들 **231**　공부와는 담을 쌓은 녀석 ｜ 우연히 만난 스승 필립 이리아르 ｜ 설탕 공예에 매료된 아이 ｜ 썩은 사과나무 살리기
3) 대를 잇는 기쁨 **243**　기능올림픽 제과 부문 한국 최초의 메달 ｜ 가족 모두가 함께 드린 기도 ｜ 벌써 2세를 생각하는 아이 ｜ 밤새 꽃피우는 세 부자의 수다

빵은 나의 스승.
빵을 만들며 많은 것을 뉘우치고 깨달았다.
빵을 통해 인생을 배우고 기다림을 배웠다.
나는 빵을 만들었지만 빵은 또한 나를 만들어온 것이다.

1

나는 빵에
목숨 바친 남자

때로는 바보 같은 결정을 내려야 할 때가 있다

|| **새벽의 고민** ||

새벽 6시. 부엌에서 달그락거리는 소리가 들린다. 아내에게 뭔가 고민이 있다는 뜻이다. 나는 그 고민이 무엇인지 잘 알고 있다.

지난 25년 동안 변함없이 내 곁을 지켜준 따뜻한 동반자이자 가장 훌륭한 사업 파트너인 아내. 그런 그녀가 남편 고민하는 바를 모를 리 없고, 내 고민이 전염돼 아내까지 잠을 설치고 있다는 것을 나 역시 모를 리 없다.

이제 날이 밝기 전에 결단을 해야 한다. 건물주가 벌써 다섯 번이나 간곡히 입점을 요청하는 전화를 걸어오지 않았는가?

"사장님, 저희 입장에는 꼭 김영모 과자점이 입점해야 합니다. 어차피 다 경쟁 아닙니까? 결국은 더 뛰어난 경쟁자가 살아남는 게 시장이칩니다. 실력이 뛰어난 쪽이 이기는 게 당연하지 않습니까?"

그러나 그리 간단한 문제만은 아니었다. 입점을 제안한 건물은 한눈에도 탐이 나는 곳이었다. 강남의 노른자위, 많은 유동인구, 양 옆에 아파트를 끼고 있는 소비자 근접성, 게다가 막 공사가 끝난 최신식 고급 쇼핑몰. 그 건물을 처음 방문했던 날, 아내와 나는 두근거리는 가슴을 진정시켜야 했다. 제과업을 하는 사람이라면 누구든 탐을 낼만한 입지. '김영모 과자점'을 오픈하기에 더할 나위 없는 장소였다.

입점 조건도 파격적이었다. 이미 한 호텔계 제과업체에서 12억의 보증금에 상당한 월세를 제안했지만, 김영모 과자점이 아니면 안 된다는 이유로 건물주가 절반도 채 안 되는 보증금에 파격적인 월세 조건을 제시한 것이었다.

사실 그 건물에 입주한다는 것은 더 많은 이익을 내고 사업을 확장시킨다는 것 이상의 의미가 있었다. 건물주가 꼭 김영모 과자점이 입점해야 한다고 고집한 데는 다 이유가 있었다. 완공 전에 인근 주민들에게 설문조사를 해본 결과, 새로 지은 쇼핑몰에 들어서길 원하는 제과점 후보 1위가 바로 김영모 과자점이었다는 것이다.

그간의 고생에 대한 포상이라도 받는 심정이었다. 작고 힘없는 다윗이 골리앗을 쓰러뜨렸을 때 느낀 희열이 이런 것이었는지 모르겠다. 김영모 과자점은 전국 방방곡곡 어디에서나 만날 수 있는 대형 프랜차이즈가 아니다. 예쁜 아가씨가 상송에 맞춰 바게트 빵을 흔드는 TV 광고를 내보낼 수 있는 빵집도 아니다. 그저 주변에 사는 이웃들에게나 그 존재를 인정받는 작은 동네 빵집에 불과했다. 그런 김영모 과자점이 전국 규모의 내로라하는 제과점들을 제치고 당당히 이곳 주민들로부터 초대장을 받은 것이다.

마음이 흔들렸다. '직접 내 빵을 먹어온 지역 주민들이 나를 인정해준 거야.', '이 분들이 직접 초대장을 내주었는데 받아들이지 않을 이유가 뭐야?', '뭘 망설여? 다시는 이런 기회가 없을지도 몰라. 놓치면 바보야.'

머릿속에선 냉철하고 단호한 외침 소리가 들려왔지만, 가슴에서는 또 다른 목소리가 들려왔다.

'나는 김영모다. 다른 사람도 아닌 내가 그래서는 안 된다.'

나의 발목을 붙잡은 것은 김영모 과자점의 첫 간판을 올렸던 1982년의 기억이었다.

‖ 사라질 뻔했던 빵집 ‖

나의 첫 가게는 서초동 주택가의 불과 6평밖에 안 되는 허름한 점포였다. 한 평도 채 안 되는 공장에 종일 틀어박혀 네 번씩 빵을 구워내는 일이란 보통 힘든 것이 아니었다. 그러나 내 빵을 찾는 사람이 하루하루 늘어나는 재미에 힘든 줄도 모르던 시절이었다.

빵을 굽는 평화로운 일상이 계속되던 어느 날, 맞은편 거리에 느닷없이 대형 제과점 간판이 올라갔다. 내가 너무나 잘 아는, 한때 나 자신이 부공장장으로 일했던 바로 그 업체였다. 사장에서 공장장, 그 아래 직원들에 이르기까지 모르는 사람이 없는 곳이었다. 공장장은 내가 수년 동안 모셔온 스승이기도 했다.

"영모야, 빵 가게 잘 되나?"
안부 전화가 걸려오면 나는 신명나는 목소리로 대답하곤 했다.
"예, 선배님. 덕분에 잘 됩니다!"
후배에 대한 애정 때문에 자주 전화를 해주는 줄 알았는데 알고 보니 사업 정보를 모으기 위해 그랬던 것이다. 얼마 후 그 제과점이 바로 근처에 들어선다는 소문이 들렸다. 나는 몇 번이나 사무실을 찾아가 애원을 했다. 자존심도 계산속도 없었다. 그저 눈물을 흘리며 머리를 조아렸다.

"사장님, 선배님! 지난 8개월 동안 제가 죽도록 고생해서 이제 겨우 자리를 잡았습니다. 제발 살려주십시오. 선배님들이 키워주신 후배가 열심히 노력해서 일군 가게입니다. 대형업체가 작은 서민업체를 죽여서야 되겠습니까?"

그러나 그들은 내게 남은 최소한의 자존심까지 뭉개버리는 제안을 하는 것이었다.

"그러면 우리가 매장을 포기하는 대신 당신 가게를 우리에게 파시오. 우리 간판으로 바꿔 다는 조건으로, 매장을 더 넓혀주겠소. 공장장은 당신이 맡고 지분의 50퍼센트를 챙기는 조건이오. 지금 버는 것보다 더 나을 거요."

나는 숨을 죽이고 이를 악물었다. 제과 기능인이 최고의 목표로 삼는 것은 자기 이름을 건 제과점을 내는 일 아닌가. 12년간 밀가루 반죽을 손에 묻혀 오면서 장만한 내 가게. 가게 이름에 내 이름 석 자를 거는 순간부터 이미 가게는 나 자신, 나의 분신이었다. 만약 누군가가 내 가게를 죽이려 한다면, 그것은 곧 나를 죽이려는 것이나 마찬가지였다.

나는 죽을 각오로 경쟁을 하기로 마음먹었다.

이후 6개월 동안은 매출액이 절반 이하로 떨어졌다. 참기 힘든 시련이었다. 그러나 이내 떠났던 고객들이 하나 둘씩 돌아오기 시작했고, 가게는 다시 살아나기 시작했다. 이유는 단 하나였다. 내가 만든 빵이 더 맛있기 때문이었다.

"앞의 빵집이 유명한 곳이라기에 몇 번 사먹어 봤는데, 별로 맛이 없어. 김영모 과자점이 훨씬 나아.", "저쪽 집 빵은 모양은 요란한데 맛은 별로야. 먹고 나면 속이 더부룩해."

나는 하나 둘씩 돌아오는 손님들을 감사와 겸허의 마음으로 맞이했다. 그 과정에서 나는 고객이 얼마나 귀한 존재인지 절감했다. 이 한 사람 한 사람이 없이는 나도 존재할 수 없다는 것을 뼈저리게 깨달은 것이다.

그 대형 제과점은 개업 1년이 채 못 되어서 실패를 자인해야만 했다. 우리 가게보다 규모는 네 배가량 컸지만 매출은 절반에도 미치지 못했고 그마저도 나날이 줄어들어만 갔다. 동업을 시작했던 여덟 명은 사분오열되어 서로 책임을 전가하다가 3년 만에 해체됐다. 그 제과점의 간판이 내려지던 날, 김영모 과자점은 유난히 수요가 많아진 소보로 빵을 구워내느라 오븐을 열 바퀴째 돌리고 있었다.

죽을 뻔했던 가게는 다시 살아났다. 다른 데 눈 돌리지 않고 오직 맛있는 빵을 구워내는 데만 최선을 다한 덕택이었다. 그 일을 계기로 오히려 나는 '작은 빵집이라고 경쟁력을 못 가질 이유가 없다'는 강한 자신감을 얻었다. 제품만 최고라면, 고객의 인정만 받는다면, 호텔이나 백화점의 고급 브랜드에 주눅이 들 필요가 없었다.

그러나 인간적인 배신감으로 인한 상처는 너무나 컸다. 나는 살면서 다시는 이런 일을 당하지도, 만들지도 않겠다고 결심했다. 그 후로 사업을 확장해 분점을 내면서도 바로 나 때문에 선의의 피해자는 생기지는 않는지 늘 꼼꼼히 확인하게 됐다. 아무리 좋은 자리라도 이미 누군가가 열심히 빵을 굽고 있다면, 특히 내가 잘 알거나 존경할 만한 업주가 운영하는 곳이 있다면 피하려고 노력했다.

‖ **돈보다는 사람을 택하자** ‖ 새로 입점 제안이 들어온 곳은 매출뿐 아니라 사업 확장 면에서도 최고의 입지였다. 그러나 한쪽 건너편에는 후배가, 다른 쪽 건너편에는 안면이 있는 또 다른 사람이 이미 열심히 제과점을 운영하고 있었다. 열심히 일한 대가로 배신을 던져줄 수는 없는 노릇이었다.

'그래, 깨끗이 포기하자. 사업적으로는 바보 같은 결정이지만, 나는 사람을 택하리라. 성장할 수 있는 기회는 얼마든 있다. 남의 가슴에 못을 박으면서까지 사업을 확장해야 할 이유가 내게는 없지 않는가?'

갑자기 가슴이 확 트이면서 편안해졌다. 고민이라는 것도 결국 욕심 때문인 걸. 욕심을 버리면 마음은 이토록 편안하다.

"포기한 거죠? 잘 하셨어요. 계속 기다리면 더 좋은 자리가 생길 거예요."

물 컵을 들고 들어온 아내는 내 얼굴만 보아도 무슨 일이 있었는지 아는 모양이었다. 내 결정이 마음에 드는지, 컵을 건네는 아내의 얼굴이 환하게 웃고 있다.

빵이 내게 준 자유

고교 중퇴자의 깨달음

내 최종 학력은 고등학교 중퇴다. 그러나 나는 이 보잘 것 없는 학벌에 크게 개의치 않는다. 물론 처음부터 그랬던 건 아니었다. 스무 살 무렵의 나는 언제 터질지 모르는 시한폭탄이었다. 술을 많이 마시고 난폭해지면 쓸데없는 싸움을 일으키곤 했던 당시의 나는 마치 내일이 없는 사람처럼 제멋대로였다. 17살에 처음 하얀 밀가루 반죽을 만지며 내 삶의 새로운 희망을 발견하긴 했지만, 빵을 향한 열정이 내 안의 울분까지 다스려주지는 못했다. 당시의 나는 거칠게 행동하면 할수록 내 보잘 것 없는 학력이 감춰질 거라고 생각했다.

하지만 군대엘 가고 철이 들어가면서 나는 변했다. 그리고 아무리 강한 척해도 진정으로 강해지지 않으면 내 텅 빈 곳을 채울 수 없다는 것을 깨달았다. 내게 빈 곳이 있다면 그것을 채울 방법은 책을 읽는 것뿐이라는 것 역시 절감했다.

나는 닥치는 대로 책을 읽기 시작했다. 누가 무슨 책이 좋다고 하면 꼭 구해서 읽었다. 대학에서 제적된 친구를 만나게 돼 그에게서 한자도 배우고 일어 공부도 시작했다. 함께 소주잔을 기울이면서 사회를 바라보는 시각도 배울 수 있었다.

나는 사람들과 만나 대화하기 위해 처세술과 대화술에 관한 책들을 많이 읽었다. 또 훗날 내 사업을 하게 될 것을 대비해 경제 리더들의 경영법과 마케팅에 관한 책도 빠짐없이 읽었다. 결국 누구나 자기만의 방법으로 세상을 살아가게 마련이지만, 누군가 새롭고 훌륭한 삶의 방식을 보여주었다면 그것을 기꺼이 배우고자 했다.

덩샤오핑은 평생을 2인자로 보냈지만 어둠 속에서 칼날 빛을 감추며 오랜 세월을 기다렸다. 그가 숙청의 위기를 견뎌내고 마침내 최고 권좌에 오른 것은 77세에 이르러서였다. 일본 통일의 기반을 닦은 난세의 인물 도쿠가와 이에야스 역시 평생을 모략과 전쟁 속에서 살았다. 그는 강자에게 머리를 숙일 때와 가혹하게 칼을 뽑아들어야 할 때를 구분했고, 냉철한 지혜와 지독한 인내로 마침내 일본 전국시대를 평정하고 최후의 승자가 되었다.

책을 읽으면 이 모든 것이 내 것이 되었다. 나는 사람과 사람 간의 관계, 그 미묘한 줄다리기 안에서의 선택에 흥미가 당겼다. 더불어 신문을 빠짐없이 읽고 모든 사회적 이슈에 대한 내 생각을 정리하곤 했다. 어느덧 언제 어디서 누구와 부딪쳐도 막힘없이 대화를 나눌 수 있는 정도가 되었다.

참 신기했던 것은, 예전에는 두세 쪽만 읽어도 졸음이 쏟아져 책이라고는 도통 읽을 수가 없었는데 마음을 달리 먹기 시작한 후부터는 모든 글자가 또렷하게 머리에 쏙쏙 들어오게 됐다는 것이다. 사람마다 공부하는 타이밍이 다른데 내게는 그 시기가 늦게 찾아온 모양이다.

책은 내게 자신감을 주었을 뿐 아니라, 괜한 학력 콤플렉스로부터도 자유롭게 해주었다. 사람을 학력으로 나누고 구분하는 것이 얼마나 어리석인 일인지도 깨닫게 되었다. 제아무리 명문대학을 나왔어도 편협하고 어리석은 사람이 있고, 초등학교만 졸업했지만 넓은 아량과 식견을 갖춘 사람도 있다. 그리고 사람을 사람답게 만드는 것은 학력도 지식도 아닌, 삶의 연륜과 인격인 것이다.

‖ 나는 빵의 고수다 ‖

빵집 주인이 되어 하루종일 가운을 벗을 틈도 없었던 1980년대 중반, 나는 어렵사리 초등학교 동창회에 나가게 되었다. 정말이지 오랜만에 만나는 친구들. 은근히 제법 그럴듯한 명함을 가진 동창들만 얼굴을 내보이는 자리였지만, 나는 친구들 만나는 반가움에 짬을 내 참석하곤 했다.

그러던 어느 날이었다. 한 친구가 처음부터 유난히 비아냥거리는 태도를 보였다. 일찌감치 사법고시에 합격해서 검사로 승승장구하던 친구였다. 한두 잔 마신 술이 잘못 됐는지 그날따라 막말을 서슴지 않았다.

"영모는 빵만 만들더니 얼굴까지 빵처럼 변했네."

"너도 밥을 먹긴 하니? 빵만 먹고 사는 거 아니었어?"

나는 화장실 가는 길에 친구를 조용히 불러냈다. 그리고 장난스레 말을 건네기 시작했다.

"네가 빵을 알아?"

"뭐?"

"네가 빵에 대해서 얼마나 아냐고?"

"뭐라고?"

"너 이 자식, 네가 법의 일인자라면, 나는 빵의 고수야!"

나는 엄지손가락을 치켜들며 으스대는 표정을 지었다. 마침내 친구는 푸하핫 하고 웃음을 터뜨렸다.

"어, 그래. 내가 몰라봤다."

그 친구는 이후로 두 번 다시 나를 무시하지 않았다. 우리는 스스럼 없이 서로의 고충을 이야기하며 서로 배우는 관계가 되었고, 그 친구는 자기만의 기술을 가지고 남의 눈치 볼 것 없이 일하는 내 모습에 자연스러운 감탄을 보내주기도 했다.

세월이 지나 나이를 먹으면서 동창들 중에서도 명예퇴직 압력에 시달리며 온갖 고민을 짊어지고 지내는 녀석들이 늘었다. 직장에 매여서 하루하루 물 위를 걷는 심정으로 살아가는 화이트 컬러들의 비애를 볼 때마다, 학력은 보잘 것 없지만 기능인으로서 평생 빵을 구우며 살아갈 수 있도록 한 내 일이 자랑스럽다. 새삼 감사하는 마음까지 든다. 그러고 보니 빵은 내게 먹고 사는 기회뿐 아니라, 자유까지 준 것이다.

‖ 59잔의 술을 받아 마시다 ‖

학력 얘기가 나오니까 또 하나의 에피소드가 떠오른다. 나는 올해로 만 10년이 넘도록 건강 관리를 위해 꾸준히 헬스클럽에 다니고 있다. 건강을 챙기기 위해서도 꼭 필요한 일이지만 무엇보다 좋은 사람들과 만날 수 있었기에 지속적으로 헬스클럽을 다닐 수 있었던 것 같다. 그 분들과의 첫 만남은 내게 너무나 특별했다.

10년 전 막 운동을 시작했을 무렵, 나는 새해 모임에 초대를 받았다. 참석한 사람은 나까지 모두 60명. 다양한 사람들이 모여 있는 자리였다. 모두들 원탁에 빙 둘러앉아 있는데, 누군가가 제안을 했다.

"자, 이렇게 만난 것도 귀한 인연인데 우리 서로 자기소개부터 하죠. 여기 젊은 분 먼저 하시고 시계방향으로 돌아가며 하겠습니다."

처음 자기소개를 시작한 젊은이는 바로 내 옆자리 총각이었다. 이 말은 결국 내가 60번째로 소개를 할 마지막 사람이라는 뜻이었다.

"저는 증권분석가로 일하고 있습니다. 고려대 경제학과를 나왔습니다. 아직 결혼은 안 했고요, 여자친구는 있습니다."

두 번째 소개를 하는 사람은 40대의 남자분이었다.

"저는 무역업을 하고 있습니다. 대학은 서울대 경영학과를 나왔습니다. 대학생인 딸 둘이 있습니다."

세 번째 회원의 자기소개가 이어졌다.

"저는 64살입니다. 작년에 은퇴를 하고 자식들은 다 결혼시키고 아내와 둘이 살고 있습니다. 연세대를 졸업했습니다."

첫 소개자가 대학을 언급했기 때문일까? 이어지는 자기소개마다 줄줄이 대학이름이 빠지지를 않았다. 마치 대한민국의 학벌 좋은 사람들이 그 곳에 다 모인 것 같았다.

나는 생각했다. 만약 길에서 걸어가는 사람 60명을 불러 세워 물어보았을 때 대학을 다닌 사람이 얼마나 될까? 설사 60명 모두가 대학을 나왔다 해도, 그들이 모두 서울의 이름난 명문대를 나왔을 확률은 또 얼마나 될까? 이건 이 모임이 특이한 거지 내가 이상한 게 아니다.

내 차례가 되자 나는 자리에서 일어났다.

"제 이름은 김영모입니다. 서초동에서 김영모 과자점이라는 빵집을 하고 있습니다. 모두들 학교 얘기를 꺼내시는데 저는 사실 대학은커녕 고등학교도 제대로 졸업하지 못했습니다. 지금까지 25년 동안 오로지 빵만 만들었지요. 저는 제 일을 사랑하고 열심히 해왔습니다. 그리고 어떤 주제로도 여러분 모두와 흔쾌히 대화를 나눌 수 있을 만큼 치열하게 공부하며 살아왔습니다. 언제든 불러주십시오."

나는 자신 있게 큰 목소리로 소개를 한 후 자리에 앉았다. 모두들 의외라는 듯 내 얼굴을 빤히 쳐다보았다.

회의를 끝내고 뒤풀이가 시작되었을 때 나는 당황스러운 상황을 맞이하게 되었다. 나를 제외한 59명이 모두들 술잔을 들고 내 옆자리로 오는 게 아닌가?

"만나서 반갑습니다. 언젠가 사장님과 꼭 이야기를 나누고 싶습니다."

"고맙습니다. 사장님이 자기소개를 하시는 걸 듣고 많이 부끄러웠습니다."

"그 빵집이 어딥니까? 꼭 찾아뵙겠습니다."

가장 연장자인 70대 할아버지까지 나에게 술잔을 권했다.

"세상엔 자네처럼 정직하게 열심히 사는 사람이 필요해. 고맙고 부끄럽네."

나는 한 분 한 분과 악수를 나누고 짧은 대화를 나누었다. 차마 거절하지 못해 술잔을 다 받아 마시다 보니 내 얼굴은 점점 붉게 달아올랐다. 그날 내가 마신 술은 정확히 59잔이었다.

빵을 버리는 사나이

|| **크리스마스 이브의 악몽** ||

1993년 크리스마스. 그날의 악몽은 지금도 생생하게 떠오른다. 당시 나는 독일로 연수를 갔다가 크리스마스 이틀 전인 23일에야 서울로 돌아왔다. 지금도 그렇지만 크리스마스 시즌은 제과업계 최고의 대목이었다. 나는 짐을 채 풀기도 전에 공장에 나가 생산 상황을 점검했다. 그런데 다 만들어져 있어야 할 케이크가 하나도 보이지 않았다.

"케이크는 다 만들어놨나?"

"네. 내일 분량은 다 만들어 두었습니다."

"어디에다 보관했지?"

"쌓아둘 데가 마땅치 않아 지하실에 갖다 두었습니다."

아뿔싸! 나는 사색이 되어 지하실로 달려 내려갔다. 내 모습을 본 공장장과 부공장장도 큰일이 났는가 싶어 일손을 멈추고 나를 따라왔.

나는 지하실 문을 열고 한편에 높이 쌓여 있는 케이크 상자를 바라보았다. 모두 400상자였다. 그 중 하나를 빼내 상자를 열고, 케이크를 반으로 뚝 잘라서 냄새를 맡아보았다. 이미 지하실 냄새가 배어 있었다. 미미하기는 하지만 분명히 불쾌감이 코로 느껴졌다.

케이크 겉에 덧바르는 버터크림은 본래 냄새를 흡수하는 성질이 강하다. 그래서 보통 냉장고에 보관할 때에도 밀봉하지 않으면 김치나 반찬 냄새가 배게 마련이다. 그런데 그 많은 케이크를 채 식히지도 않은 상태에서 시럽을 치고 버터크림을 발라 종이상자에 넣어 지하실에 넣어두었으니…. 주변의 냄새를 모조리 빨아들인 게 당연한 일이었다.

다른 상자를 뜯어보아도 사정은 마찬가지였다. 케이크 400개가 모조리 손도 쓸 수 없게 돼 버린 것이었다.

"안 되겠다. 박스를 전부 풀어라. 이 케이크들 모조리 버린다."

공장장과 부공장장은 안절부절 어쩔 줄을 몰랐다.

"사장님, 내일이 크리스마스 이브에요. 이걸 다 버리면 장사를 어떻게 합니까?"

"장사 못해도 좋다. 다 버려라."

공장 직원들은 모두 지하실에 집합했다. 그리고 400개 상자를 열어 케이크를 쓰레기봉투에 담기 시작했다. 수십 개의 쓰레기봉투가 가득 찼다. 여기저기서 한숨 소리에, 간혹 훌쩍훌쩍 우는 소리까지 들려왔다.

쓰레기를 모두 정리한 후 나는 직원들을 한 자리에 불러 모았다.

"자, 지금부터 케이크를 다시 만듭니다. 사정이 있는 사람은 가도 좋습니다. 내일 케이크를 팔고 싶다면 오늘 밤을 새워서라도 같이 만듭시다."

나는 주섬주섬 가운을 챙겨 입고 반죽 테이블에 서서 재료를 혼합하기 시작했다. 한참 작업에 열중하다가 주위를 둘러보니, 모두들 숨소리 하나 내지 않고 케이크 만들기에 몰두하고 있었다. 한 사람도 불평을 하거나 집으로 돌아가지 않았다. 그날 밤 우리는 고도의 집중력이 만들어내는 위력을 몸소 체험했다. 각자 자신이 맡은 섹션에서 마치 뭐에 홀린 사람처럼 신들린 듯 일했다.

새벽 어스름이 지고 아침 해가 떠오를 무렵, 새로 만든 400개의 따끈따끈한 케이크가 냉장고 안에서 식어가고 있었다. 온몸이 부서지도록 일한 직원들은 담배를 피우거나 커피를 홀짝이며 지난밤의 여운을 음미하고 있었다.

만약 그때 지하실 냄새가 밴 400개의 케이크를 버리지 않고 팔았다면 어떻게 되었을까? 대부분의 손님들이 냄새조차 알아차리지 못하고 맛있게 먹었을지 모른다. 그래서 아무 문제도 일어나지 않았을 수도, 밤새 그 힘든 일을 되풀이하지 않아도 됐을지 모른다. 그러나 만에 하나, 냄새를 느끼고 뭔가 잘못됐다고 느낀 손님이 있었다면 그는 '김영모 과자점'이라는 상호를 영원히 불신하게 됐을 것이다. 400개의 케이크가 아깝게 버려졌지만, 나는 손님을 잃지 않았다.

‖ 손님은 보이지 않는 것도 보는 사람 ‖

쓰레기통에 빵을 버리는 내 버릇은 1982년 개업을 한 지 한 달도 채 못 되었을 때부터 시작됐다. 오븐에서 새로 구운 소보로 빵을 꺼냈는데 차마 눈 뜨고 봐줄 수가 없었다. 자고로 소보로 빵이라 하면 거북이 등껍질처럼 균일하고 예쁘게 갈라진 소보로가 얹혀져야 제맛이다. 그런데 이리 뭉치고 저리 뭉친 소보로가 부슬부슬 부서지기까지 하는 게 아닌가? 화가 머리끝까지 솟은 나는 그 자리에서 소보로 빵을 모두 쓰레기통에 던졌다.

"여보, 왜 이래요!"

아내가 놀라 소리치며 나를 말렸지만 소용없는 일이었다.

마음이 여린 아내는 눈물을 흘렸지만, 빵을 버리고도 화가 한참 동안 수그러들지 않았다.

또 한번은 단팥빵 안에 든 팥 앙금의 당도가 마음에 들지 않았다. 공장 직원 중 한 명이 방심하다 제멋대로 배합한 게 분명했다. 나는 200개의 단팥빵 모두를 쓰레기통에 집어넣었다. 재료비에다 만드는 데 들어간 시간이 너무 아깝다며 아내는 우는 소리를 했다. 자기가 먹어보아도 맛이 크게 이상하지 않으니 충분히 팔 수 있는 것 아니냐며, 당신 마음에는 들지 않을지 몰라도 고객들은 맛있게 먹을 거라며 나를 설득했다.

"당신, 모르는 소리 하지 마. 고객은 보이지 않는 것까지 훤히 볼 줄 알아. 그런 분들이 바로 고객이라고."

또 한번은 이런 적도 있었다. 오븐을 열었는데 발효 상태가 시원치 않은 빵이 나왔다. 나는 화를 내고 공장 직원들에게 빵을 쓰레기통에 버리라 하고는 집으로 들어와 버렸다. 그리고 한 시간쯤 화를 가라앉힌 후 다시 가게로 나갔다. 그런데 내가 버리라 한 빵들이 아직도 진열대에 남아 있는 게 아닌가.

"오늘 장사 안 해. 셔터 문 내린다."

나는 사색이 된 아내의 얼굴을 거들떠보지도 않고 셔터 문을 내리고 집으로 와버렸다. 잠시 후 아내가 따라 들어와 나를 달래기 시작했다.

"여보, 잘못했어요. 다시는 안 그럴게요. 제발 화 풀고 가게 문을 열어요. 손님들이 왔다가 돌아가고 있어요."

나는 계속 버티다 오후 2시쯤에야 못 이기는 척 나가 가게 문을 다시 열었다.

이후로 아내는 내가 빵을 버려도 아무 말도 하지 않는다. 개업한 1982년부터 1992년까지 10년 동안 내가 버린 빵이 몇 트럭은 족히 넘을 것이다. 1992년 이후로는 내가 버리는 빵이 누군가에겐 귀한 양식이 될 수 있다는 아내의 설득에, 심각한 문제가 없어 먹을 수 있는 빵들은 고아원과 양로원에 기증하고 있다. 완벽한 빵이 아니라면 절대로 돈 받고 팔 수 없다는 내 원칙과, 멀쩡한 음식을 버리는 것은 죄악이라는 아내의 원칙이 절충점을 찾게 된 것이라고 할까.

'김영모'라는 이름 석 자를 걸다

‖ 내 이름을 건 빵집 ‖   1982년 내가 직접 운영하는 빵집을 차리기로 하고, 나는 가게 이름을 어떻게 지어야 할지 고민에 빠졌다. 내 머릿속에 떠오르는 이름은 단 하나뿐이었다.

'김영모 과자점.'

당시까지만 해도 제과 기능인이 자기 이름을 내걸고 가게를 하는 경우는 '김충복 과자점' 외에는 없었다. 김충복 선생은 한국 제과·제빵계의 제1세대로 광복 직후 일본으로 건너가 빵 기술을 배워와 우리나라에 보급한 업계의 대부였다. 그런 분이 자신의 이름을 걸고 제과점을 하는 것은 누가 보아도 고개를 끄떡일 수 있는 당연한 일이지만, 나처럼 아직도 배우고 있는 사람이 이름을 내건다는 건 아무리 생각해도 교만한 일인 듯했다. 게다가 지금도 그렇지만 그럴듯한 외래어 이름을 붙이는 것이 유행이었고, 그것이 영업에 더 유리하다고 생각하며 만류하는 사람들도 많았다.

나는 개업을 준비하기 직전까지 공장장으로 일했던 무교동 보리수 과자점의 박철웅 사장님을 찾아가 의논을 드렸다.

"김영모 과자점! 그거 참 좋은 이름이다."

사장님은 내 어깨를 두드리며 즐거워하셨다.

"자네가 일하는 모습은 내가 쭉 지켜봤지 않았나? 다른 사람이 자기 이름 내건다고 하면 호통을 치겠지만, 자네라면 아무 말 않겠네. 그렇게 하게. 자네는 이름을 내걸 자격이 있어."

덧붙여 박철웅 사장님은 내가 평생 잊지 못할 귀한 조언을 해주셨다.

"다른 멋진 이름을 달고도 가게는 열 수 있고 돈도 벌 수 있을 거야. 하지만 언젠가 돈을 많이 벌게 되면 게을러지기도 하고, 제과업 자체를 소홀히 할 수도 있어. 하지만 자네 이름을 걸고 영업을 한다면 자네가 기능인으로서 살아있는 동안에는 결코 빵 만들기를 소홀히 할 수 없을 걸세. 일단 자네 이름을 걸고 나면 부단히 공부할 수밖에 없고, 영원히 제과인으로 남을 수 있는 기틀이 마련되는 것이네."

사장님 말씀이 백번 옳았다. 내 이름을 내걸었기 때문에 나는 작은 것에도 소홀할 수가 없었다. 가게에 내놓는 빵이 조금이라도 잘못된다면 곧 내 이름에 먹칠을 하는 일이었기 때문이다. 의외로 고객들은 내 이름을 단 가게 명칭을 신선하게 받아들였고, '자기 이름을 달았으니 함부로 만들지 않고 뭔가 명예를 건 빵을 만들겠지' 하는 기대도 해주었다. 빵이 조금이라도 마음에 들지 않으면 쓰레기통에 내버렸던 똥고집도 내 이름을 내걸었기 때문에 생겨난 것이었다.

내 이름을 딴 과자점. 그것은 나를 전부 바치겠다는 약속이자, 이것이 성공하지 않으면 나 자신도 없다는 비장한 각오였다. 나는 지금도 광고 전단지를 제작할 때 꼭 이런 카피를 써넣는다.

'김영모의 이름을 걸고, 맛있는 빵을 만들기 위해 최선을 다하고 있습니다.'

된장국 하나로 버틴 세월

'김영모 과자점'이라는 간판을 걸기까지 아내와 나는 죽기 살기로 허리띠를 졸라매야 했다. 아내를 만난 후부터 나는 유달리 착실해져서 은행에 적금 통장까지 마련하게 되었다. 당시 부공장장이었던 내 한 달 월급이 9만 원. 제과점에서 숙식까지 하고 있었던 터라 술과 담배만 끊으면 돈 쓸 일이 별로 없었다. 나는 그 돈을 거의 모두 적금에 쏟아 부었고, 결혼 전에 간신히 100만 원을 만들 수 있었다. 우리는 아내가 직장생활하며 모아둔 돈으로 결혼 비용을 치르고, 적금 탄 100만 원으로 월세 단칸방을 마련해서 신혼살림을 시작했다. 말 그대로 수저 두 벌만 가지고 시작한 살림이었다.

결혼 후에도 우리는 지독할 정도로 돈을 아꼈다. 그 사이 나는 무교동 보리수 과자점으로 직장을 옮겼고, 공장장이 되어 월급도 12만 원으로 올라 있었다. 나는 월급봉투를 뜯어보지도 않고 아내에게 가져다 주었고, 아내는 그 중에서 3만 원만 꺼내 한 달을 버티고 나머지는 모조리 은행에 저금했다. 나는 하루 세 끼를 모두 제과점에서 해결하는 것으로 식비를 없앴고, 담배와 술도 일절 가까이 하지 않았다.

난감한 것은 친구들이 찾아올 때였다. 오랜만에 온 친구에게 다방 커피라도 한 잔 대접해야 마땅한 일이지만, 나는 그 돈을 아끼려고 제과점 구석에 친구를 앉혀놓고 콜라 한 잔을 먹여 보내곤 했다. 사장님께 미안한 마음에 콜라 값은 월급에서 제하시라 했지만, 단 한 번도 그리 하신 적은 없었다. 고마운 일이었다.

집에 혼자 남아 있는 아내 역시 지독하기는 마찬가지였다. 아내는 매일 친정인 안동에서 보내오는 쌀과 된장으로 연명했다. 그 흔한 로션 하나 바르지 않고 싸구려 비누로 머리를 감았으며, 사람들도 전혀 만나지 않았다. 우리 부부는 일주일에 단 한 번, 출근이 늦은 일요일 아침에만 상 앞에 마주 앉아 된장국에 김치로 함께 식사를 했다. 그래도 그렇게 꿀맛일 수가 없었다.

이렇게 지독하게 아끼며 살았기에, 우리는 결혼한 지 3년이 채 못 돼 우리들의 가게를 차릴 수 있었다. 3년 동안 은행 적금으로 모은 돈에 집 보증금, 여기에 보리수 과자점 사장님이 챙겨주신 3년치 퇴직금이 큰 도움이 되었다.

김영모 과자점은 그렇게 탄생했다. 간판이 올라가던 날, 아내는 가게 한 구석에서 몰래 눈물을 훔쳤다. 하지만 그것은 그저 시작일 뿐이었다. 아직도 지독하게 줄이고 조이며 살아가야 할 날들이 한없이 남아 있었다.

동네 빵집이 대형 프랜차이즈를 물리치다

|| 윈도 베이커리로 승부하다 ||

1970년대 빵집은 고등학생 남녀에서부터 선을 보거나 막 사귀기 시작한 처녀 총각들까지, 가장 부담 없이 데이트를 즐길 수 있는 만남의 장소였다. 당시 빵집은 카운터 기능을 하는 진열장이 벽 안쪽으로 붙어 있고 홀에 서너 개의 테이블이 놓여 있는 식의 구조가 대부분이었다. 오후 5시가 넘으면 교복을 입은 남학생과 여학생이 단팥빵이나 크림빵을 포크로 쿡쿡 찌르며 수줍은 대화를 나누는 모습을 심심찮게 볼 수 있었다.

그러나 80년대 들어오면서 빵집들은 주택가로 스며들기 시작했다. 아버지들이 퇴근길에 집 근처 빵집에 들러 식빵 한 봉지를 사가는 것은 흔한 모습이 돼가고 있었다. 제과점들은 테이블을 없애고 매장을 온통 제품으로 채우기 시작했다. 만남을 위한 다방 형식을 겸하고 있었던 제과점에서, 판매 중심의 매장으로 변화했다. 그리고 그 운영 형태도 프랜차이즈Franchise, 대형 할인점이나 백화점, 호텔 등에 있는 매장인 인 스토어in store 베이커리와 독립형 매장으로 고객들에게 빵을 판매하는 윈도window 베이커리 등으로 세분화돼 가기 시작한 전환점이었다.

1982년 서초동에서 문을 연 김영모 과자점은 처음부터 윈도 베이커리로 시작했다. 소자본에 적은 규모로, 오직 빵 하나만으로 승부하기에는 윈도 베이커리가 적합했다. 당시 강남은 아파트가 막 들어서고 주택가가 형성되어가는 초기 단계였다. 그러나 대형 제과점들은 아직까지 상권이 형성돼 있는 대로에서 벗어나는 것을 모험으로 생각하고 있던 때였다.

김영모 과자점은 자동차 소음으로부터 벗어난 무지개 아파트 단지 쪽 상가에 위치하고 있었다. 한 블록 앞에 N제과가 있는 것 이외에는 빵집이라곤 없는 동네였다. 대형 프랜차이즈 업체인 N제과가 턱하니 큰길에 버티고 있었으니, 겨우 6평짜리의 김영모 과자점은 더도 덜도 말고 딱 그 크기만큼의 몫만 해내면 감지덕지한 상황이었다. 오래 전부터 그 자리에서 빵집을 운영해오던 자영업자는 프랜차이즈의 파죽지세에 밀려 손을 들고 나갔고, 김영모 과자점이 그 자리를 대신한 것이라 위기감은 더했다.

김영모 과자점의 생존 전략은 '빵을 맛있게 만든다', 오로지 이것뿐이었다. 지금과는 달리 당시에는 삼립이나 샤니 같은 양산 빵들이 위력을 떨치고 있었다. 양산 빵이 제법 맛있게 나오니 제과점의 핸드메이드 빵은 은근히 외면당하고 있었다. 그런 상황에서 김영모 과자점은 양산 빵이 절대로 줄 수 없는 것을 보여줘야 했다. 오븐에서 방금 구워낸 따뜻함과 먹음직스러움과 푸짐함, 재료의 신선함 등에 승부수를 건 것이다. 과자나 케이크도 중요하지만 특히 빵의 품질에 더 집중했다. 과자나 케이크는 어쩌다 특별한 날에나 먹지만, 빵은 매일 사고 매일 먹는 것이니 더욱 심혈을 기울여야 하는 것은 당연했다. 다른 빵집들이 하루 한 번씩 빵을 구워낼 때, 나는 하루 네 번씩 신선한 빵을 고객들에게 제공한다는 생각으로 몸이 부서져라 빵을 구워댔다.

3개월쯤 영업을 하고 나니, 이상하게 장사가 잘 됐다. 굽는 즉시 빵들이 팔려나가고 있었다. 개점 4개월째로 접어들 무렵, N제과가 문을 닫는다는 소식이 들려왔다. 전혀 예상하지 못한 일이었다. N제과는 브랜드 파워가 있는 대형 체인업체이고 김영모 과자점은 일개 개인 가게였다. 애초부터 경쟁해서 이긴다는 것보다는 공존이 목표였다. 그런데 N제과가 문을 닫다니, 무슨 사정이 있는 것일까?

|| 막강한 복병의 출현 ||

N제과가 없어진 후 매출은 더욱 신장됐고 몇 달 동안은 평화만이 감돌았다. 하지만 그 평화는 길지 않았다. 우리 가게 바로 건너에 또 다른 대형 체인업체인 P제과점이 문을 연 것이다.

N제과는 거리상으로도 떨어져 있었을 뿐 아니라 만들어내는 빵의 성격도 우리와는 판이하게 달랐다. 하지만 P제과점은 엎어지면 코앞일 뿐 아니라, 제품군도 김영모 과자점과 비슷했다. 앞서 말했듯, P제과점은 내가 직접 3년 동안 일하면서 빵 기술을 배우고 부공장장까지 지낸 내 친정이었기에 그럴 수밖에 없었다.

'이대로 죽는구나. 망하는구나.'

경쟁을 해서 이길 수 있다는 생각은 애초에 하지도 못했다. 그저 통사정하며 제발 계획을 철회해 달라고 빌 뿐이었다. 하지만 믿었던 사람들로부터 내 가게의 간판을 내리라는 모욕적인 말을 들은 후, 나는 오기가 발동했다.

'그래, 싸워보자. 싸워서 이겨보자.'

이렇게 생각하자 N제과와의 일이 새삼 내게 용기를 주었다. '그래,

N제과도 이기지 않았던가? 맛있게만 만들면 못 이길 이유가 없다.' 더구나 P제과점의 빵이라면 기본적인 식빵에서부터 과자나 케이크에 이르기까지 내가 모르는 제품이 없었다. 지피지기면 백전백승이라고 오히려 제품군이 비슷한 것이 더 유리하게 작용할지도 모른다.

나는 심혈을 기울여서 P제과점의 빵과 과자, 케이크 하나하나에 대응하는 제품을 개발해냈다. 똑같이 흉내낸 제품이 아니라 그보다 한층 업그레이드된 제품을 개발해낸 것이다. 규모와 브랜드 인지도 면에서 뒤진다면, 고객 서비스와 빵의 품질에서만큼은 절대로 뒤지지 않겠다는 각오로 경쟁에 돌입한 것이다.

명성에 이끌려 그 제과점으로 발길을 돌렸던 우리 가게 손님들은 얼마 않아 서서히 돌아오기 시작했다. 그분들은 내 빵을 더 좋아했던 것이다. 나는 쉬지 않고 노력했다. 6평 가게가 비좁을 정도로 빼곡하게 제품을 채웠다. 채 1년이 못 되어 나는 승리를 체감할 수 있었다.

나는 지금도 대형 체인업체의 등장에 바들바들 떠는 후배들에게 겁먹을 필요가 없다고 단언한다. 고객의 마지막 선택 기준은 결국 맛과 품질이다. 다른 건 신경 쓰지 말고 맛과 품질을 높이는 데만 최선을 다한다면, 아무리 거대 업체가 위협한다 해도 살아남을 수 있다. 특히 요즘 시대는 다품종 대량생산이 외면당하고 희귀성이 느껴지는 핸드메이드 제품이 인기를 얻는 시기다. 전국 어디에서나 똑같은 빵을 만들어내는 대형 체인업체보다 장인정신으로 무장한 작은 동네 빵집이 오히려 경쟁력을 가질 수 있다. 발상을 바꾸면 불가능한 일은 없는 것이다.

'서초구' 하면 가장 먼저 떠오르는 것

|| 강남의 명물 빵집 ||

김영모 빵집에서는 매일 독특한 신제품이 만들어졌다. 브랜드 인지도가 높은 프랜차이즈들과 맞붙어서 싸울 수 있는 힘은 고객들로부터 나올 수밖에 없기 때문에, 매장을 방문한 고객들의 소리에는 무조건 귀를 기울였다. '이런 빵이 있었으면 좋겠는데…' 하는 중얼거림만 들려도 어느 하나 놓치지 않았다. 고객들이 제안한 빵은 바로 다음날 시식대에 진열됐고 고객들의 시식을 거쳐 맛을 가다듬어갔다. 느끼하다는 반응이 나오면 바로 그날 배합을 달리한 반죽으로 다시 빵을 구워 시식대에 올렸다. 조금 달았으면 좋겠다는 반응이 나오면, 단맛을 가미해줄 수 있는 과일이나 부재료를 더해 만들어보기도 했다. 그렇게 해서 고객들 반응을 다 모으고 나면, 어느새 그 빵은 새로운 이름을 달고 판매대에 올려졌다.

우리 동네 김영모 빵집에만 있는 빵. 그것이 바로 고객들로 하여금 김영모 과자점을 특별하게 인식하게 만드는 힘이었는지도 모르겠다. 자신의 아이디어가 반영된 하나뿐인 제품을 만들어주는 곳. 그러다보니 애정을 갖게 되고 매일 발걸음을 하게 되면서, 단순한 빵집이 아닌 서로 교감하는 가까운 이웃으로 여겨졌던 것 같다. 그래서인지 1996년 서초방송 케이블 TV에서 서초구민들을 대상으로 '서초구 하면 가장 먼저 떠오르는 것은 무엇인가?' 하는 설문조사를 실시했을 때, 숱

한 경쟁자들을 제치고 의외로 '김영모 과자점'이 1위로 꼽혔다. 방송국의 표현을 빌면, 김영모 과자점은 반짝 히트 상품도 아니고 물량공세나 광고 마케팅을 통한 이미지 메이킹 상품도 아닌, 오직 맛과 정성으로 지역사회에 파고든 상품이라는 것이었다.

그 해는 무지개 아파트와 우성 아파트 사이에 김영모 과자점이 생긴 지 꼭 15년째 되는 해였다. 그 사이 수없이 많은 제과점이 간판을 올렸다 내리며 부침을 거듭했지만, 김영모 과자점만은 원래의 자리를 계속 지켜냈다.

처음 가게를 시작할 때만 해도 나는 이 작은 빵집이 지역에서 무언가 역할을 하게 될 거라고는 기대하지 않았다. 그저 맛있는 빵을 만들면 그만이라고 생각했다. 하지만 빵이라는 상품 특성상 훨씬 많은 것과 결부되게 마련이라는 사실을 나는 알아차리게 되었다.

예컨대 지역 주민의 50퍼센트가 우리 집에서 빵을 사먹는다면, 나는 그들의 건강을 책임지고 있는 셈이다. 주민들의 아침 식탁에서, 아이들의 간식 시간에, 가족이 모인 오붓한 자리에서 우리 가게의 빵이 그들의 몸과 마음을 채워준다. 또 특별한 일이 있을 때마다 주민들은 내가 만든 케이크를 자르며 생일을 축하하고 감사 인사를 나눈다. 내가 케이크를 맛있고 아름답게 만들면, 그들의 생일이, 결혼기념일이, 발렌타인데이와 크리스마스가 풍요로워진다. 그런 모든 감동의 순간이 내가 만든 케이크를 둘러싼 채 이루어지는 것이다.

|| 김사모를 결성한 열혈 팬들 ||

우리 빵집은 지역 주민들이 서로 만나 얼굴을 익히고 인사를 나누고 서로의 안부를 묻는 곳이기도 하다. 내가 새로운 제품을 개발하면 주민들이 찾아와 함께 시식하고 맛을 평가하고 머리를 맞대고 더 낫게 만들 방법은 없을지 연구해주기도 한다.

그렇다. 빵은 건강이자 문화다. 일방적으로 만들고 파는 행위에서 끝나는 것이 아니라, 빵을 통해 끊임없이 이어지는 상호작용이 일어난다. 김영모 과자점과 주민들은 빵이라는 매개체를 통해 서로 소통하고 공유하는 코드를 형성한 것이다.

빵집이 지역사회에 스며드는 것이 얼마나 뜻깊은 일인지 새삼 깨닫게 해준 계기는 2001년에 일어났다. 주민들이 자발적으로 '김영모 빵을 사랑하는 사람들의 모임'을 결성해준 것이다. 그해 초 처음 김영모 과자점의 홈페이지가 생기고, 게시판에 꾸준히 드나드는 고객들이 생기는가 싶더니 그들끼리 의기투합이 되어 동호회를 결성한 것이었다. 동호회 회원들은 주로 서초구와 강남구에 사는 주민들이었지만, 우리 빵을 먹어보고 반해버린 타 지역 고객들도 상당수였다. 회원수가 650명이 넘은 지금은 홈 베이킹을 비롯해서 제과·제빵에 관심이 있는 주부와 학생들도 상당히 많다.

김사모의 결성은 내게 또 다른 자극이었다. 그들은 내 빵을 좋아하는 동호인 차원을 넘은 일종의 소비자 평가단이었다. 김사모 회원들은 지역을 대표해서 내 빵 맛에 대해 평가하고 논평을 해주었다. 회원들 중에는 외국 여행 중에 독일이나 프랑스의 어느 빵집에서 먹은 케이크 사진을 보여주며 똑같이 만들어달라고 요구하는 사람도 있다. 김사모 회원이라고 해서 우리 집 빵만 먹는 것이 아니라, 국내의 내로라하는 맛있는 빵집들을 순례하며 장단점을 비교 분석해 꼬집어준다. 김사모의 결성은 나를 더욱 긴장하게 하고 공부하게 만들었다.

그렇게 고객들과 우리는 친구가 되었다. 빵집을 찾는 손님들은 아내의 건강을 염려해주고, 우리 아이들이 잘 크고 있는지 안부를 묻는다. 초등학생 자녀가 있는 주부들은 아내와 함께 어떤 방법으로 공부를 시키는 것이 좋을지 의견을 나눈다. 날씨 이야기, 가족 이야기, 자녀의 교육 문제, 건강 문제는 늘 등장하는 화젯거리다.

천연발효를 성공시키다

|| 채소보다 신선한 빵 ||

1994년 도곡역삼럭키점을 연 이후로 나는 그동안 바쁘다는 핑계로 미뤄두었던 천연발효에 대한 고민을 구체적으로 시작했다. 밀가루 음식이라는 빵에 대한 기존의 인식을 넘어서 진정한 한국인의 건강 음식으로 발돋움하려면, 천연발효라는 숙제를 반드시 풀어야 했기 때문이다.

빵은 원래 기원전 3000년경 바빌로니아인들이 밀을 자연 발효시켜 맥주를 만드는 과정에서 탄생한 천연 건강 음식이다. 기원전 2000년경에는 이집트인들이 곰팡이 균이나 젖산을 발효시켜 본격적인 빵을 만들기 시작했다. 빵을 만드는 과정에 설탕이 첨가된 것은 고대 그리스 시대에 이르러서이고, 전문 제빵업자가 생겨난 것은 기원후 1세기경의 일이었다.

그러나 지금과 같은 빵에 대한 과학적인 기준이 갖춰지게 된 데는 1683년 이스트균의 발견이 획기적인 역할을 했다. 현미경으로 이스트균의 존재가 확인되고 분리 배양이 가능해지면서 빵 굽는 기술은 빠르게 발전했다.

이후 산업화가 진행되면서 제빵 역시 산업의 일부가 되어 빠르게 변화하기 시작했다. 재래식으로 빵을 만들어서는 경쟁에서 살아남을 수가 없었다. 결국 제빵 개량제가 개발됐고, 이로써 서너 시간씩 걸리던 빵의 발효 시간을 불과 20~30분으로 단축시킬 수 있게 됐다. 이제 빵은 한 시간이면 오븐에서 뚝딱 구워내는 간편 식품이 된 것이다.

그러나 그 대가는 너무도 컸다. 속성으로 부풀린 빵은 천연의 풍미를 잃었고 몸에 알게 모르게 부담을 주기 시작했다. 또 양산 빵의 경우 유통기한을 늘리기 위해 방부제가 첨가되었다. 이로써 빵은 본래의 천연 발효 식품에서 인스턴트 인공 식품으로 개악된 것이다.

나는 빵에게 다시 제 모습을 찾아주고 싶었다. 빵은 본래 몸에 좋은 발효 음식이다. 김치와 치즈, 포도주 같은 음식과 다를 것이 없는 것이다. 게다가 채소는 냉장고에 며칠씩 보관할 수 있지만 빵은 하루만 지나도 맛과 풍미가 떨어지니 채소보다 신선한 음식이라 할 수 있다. 하지만 양산 빵으로 인해 시작된 제빵 개량제가 이제는 윈도 베이커리에까지 깊게 스며들어 있었다. 개량제가 없으면 빵을 만들 수 없다고 생각하는 제빵사들이 수두룩해졌다.

김영모 과자점은 개점 초기부터 제빵 개량제의 첨가량을 최소한으로 유지했고, 1990년부터는 배합에서 완전히 제외했다. 말이 쉽지, 이것은 곧 한 시간이면 만들 수 있는 빵을 서너 시간 걸려 만들어야 한다는 걸 의미했다. 다른 제과점들은 아침 6시에 빵을 굽기 시작하지만 김영모 과자점은 새벽 4시부터 굽기 시작해야 겨우 개점 시간을 맞출 수 있었다.

개량제를 배제하는 것을 넘어서 나는 어떻게 하면 몸에 좋은 빵, 더 맛있는 빵을 만들 수 있을지 연구를 거듭했다. 핵심은 발효에 있었다. 어떻게 발효시키느냐에 따라서 빵의 맛과 풍미, 부풀기와 부드러움, 씹는 질감 등이 달라진다. 더 나아가 발효 방식에 따라 소화가 잘 되기도 하고 잘 안 되기도 한다. 이스트는 가장 손쉬운 천연 발효제이긴 하지만 일정량 이상이 들어가면 빵의 풍미를 날려버린다. 또한 이스트 발효만으로는 밀에 대한 소화 흡수력이 떨어지는 한국인의 체질에 맞출 수 없다. 대기 속의 곰팡이균, 유산균, 건포도균, 사과 껍질과 호밀 껍질에서 자란 효모 등을 활용해 천연발효를 시켜야 빵의 풍미가 살아나고 소화도 한결 좋아지는 것이다.

‖ 6년 만에 성공한 천연발효 ‖

내가 천연발효에 처음 눈을 뜬 것은 1993년 프랑스 연수 여행 때였다. 연수 일정을 따라 바삐 움직이던 버스가 잠시 휴식을 위해 멈췄을 때 나는 어디선가 흘러나오는 빵 냄새에 본능적으로 코를 킁킁거렸다. 본래 빵 만드는 사람들은 빵 냄새만 맡아도, 구워진 빵 색깔과 모양만 보아도 그게 특별한지 아닌지 알아차리게 마련이다.

그렇게 발견한 빵집은 허름하고 낡고 작은 곳이었지만, 그곳에 진열돼 있는 빵들만큼은 어느 명문 빵집 못지않았다. '도대체 어떻게 만들었기에 이런 구수하고 맛있는 냄새가 날 수 있는 걸까? 또 저렇게 탐스럽고 자연스럽게 부풀어 오를 수 있는 것일까?' 호기심이 나를 잡아끌었지만 빡빡한 일정에 따라 버스는 다시 출발해야 했고, 나는 관광 일정이 배정돼 있던 날을 틈타 다시 그 빵집을 찾아갔다. 그 빵집은 그 이후로 매년 내 발걸음을 기어이 프랑스로 향하게 했다.

그야말로 경이로운 경험이었다. 유럽의 대부분 빵집은 일반적으로 이스트와 다른 여러 효모균이 혼합되어 있는 발효정을 사다가 빵을 만든다. 하지만 고집으로 똘똘 뭉친 이 작은 빵집은 16세기 르네상스 시대의 방식 그대로를 재현하고 있었던 것이다. 그곳에선 호밀과 요구르트 같은 천연 재료에 대기 속의 곰팡이균을 낙진시켜 발효 효모를 만들고 있었다.

공장장이자 빵집 주인인 70대 노인은 한눈에 보아도 고집불통의 장인이었다. 그는 동양에서 온 이방인을 경계하는 듯했으나 이내 마음의 문을 열고 천연발효에 대한 지식을 나눠주었다. 그는 내 인생의 귀인이었다.

2002년 마지막으로 찾아갔을 때 노인은 은퇴를 하고 그의 아들이 대를 잇고 있었다. 대를 잇는 고집스러운 천연발효법이 세상에 알려지면서 아들 역시 존경받는 장인의 대열에 들어섰다. 더불어 빵집의 규모도 세 배나 커져 있었다.

나는 1994년부터 노인에게서 배운 천연발효법을 실행에 옮겨보았다. 그러나 말처럼 쉬운 일이 아니었다. 그 나라의 토양과 기후에 따라 천연 균의 발효 환경이 달라지기 때문이었다. 천연발효란, 천연 재료에 곰팡이균을 낙진시켜 발효가 이루어지면 산도가 높아지면서 다른 잡균들은 죽고 인체에 유익한 균만 살아남는 원리다. 하지만 어느 정도 온도에서 어느 정도 시간이 경과해야 하는지, 발효 모양이 어떻게 되어야 제대로 된 상태인지 찾아내기가 여간 힘든 일이 아니었다. 어느 정도 발효를 시켜야 빵이 가장 잘 부풀고 맛도 좋을까? 잡균은 다 죽고 유익한 균이 가장 많이 살아있는 타이밍은 언제인가? 살아있는 균이 모두 유익한 균인지 어떻게 판단할 것인가? 질문은 꼬리에 꼬리를 물었다.

처음에는 외국에서 사용하는 균을 사다 배양을 해보았다. 모조리 실패였다. 유산균에 대해 오래 연구한 한 교수님의 지식을 빌려 실험을 해보았지만 그것도 실패했다. 그러나 계속 실험을 거듭하면서 한 연구단체에 성분 분석까지 의뢰하는 고집 끝에 어느덧 천연발효의 틀이 잡히기 시작했다. 1997년부터는 본격적인 제품화에 들어가, 만들어진 빵에 대한 고객 리뷰를 받아가며 연구를 계속했다. 그리고 2000년에 들어서야 지금과 같은 천연발효법 레시피를 완성할 수 있었다.

그러나 천연발효를 시작하면서 노동량을 배로 늘여도 생산성은 오히려 떨어지는 결과를 감수해야 했다. 같은 양의 제품을 만들어내기 위해서는 더 많은 직원을 고용해 인력 투자를 늘려야만 했다. 여러 모로 힘든 일이었지만, 빵의 맛이 확연히 달라지고 있었다. 특히 60세 이상의 노인 고객들은 우리 빵의 변화를 단번에 알아채셨다. 김영모 과자점의 빵을 먹으면 속이 더부룩하지 않다며 칭찬의 말을 아끼지 않으신 것이다.

나는 처음부터 내가 발전시킨 천연발효법을 완전히 공개했다. 누구든 좋은 빵을 굽고 싶은 사람이라면 내 천연발효법을 사용해주기를 바라는 심정으로 말이다. 그렇게 하는 것이 내 것을 빼앗기는 일이 절대 아님을 나는 잘 안다. 제과인들이 더 맛있고 건강에 좋은 빵을 만들수록 빵에 대한 인식이 변할 것이고 소비도 그만큼 늘어나게 될 것이다. 그리고 그 결과는 다시 내 고객이 늘어나는 것으로 돌아오게 될 것이다.

지금처럼 무엇이든 빨리빨리 속성으로 해치워내는 시대에 몇 시간씩 걸리는 발효법을 고집한다는 것은 웬만한 뚝심으로는 쉽지 않은 일이다. 그러나 빵은 공장에서 찍어내는 물건이 아니다. 빵은 우리의 몸으로 들어가는 음식이다. 세상이 아무리 초스피드로 돌아간다 해도, 먹는 것에 관한 한 느리게, 더 느리게 빚어내기를 잊어서는 안 된다.

타워팰리스 사람들의 입맛을 사로잡아라

|| **시식행사 날의 풍경** ||

도곡타워점 오픈 이후 꼭 일곱 번째를 맞는 무료 시식행사가 열리는 날이었다. 간밤에는 공장 직원들과 오늘 행사 구성에 대해 상의하고, 어떤 빵을 얼마만큼씩 준비할지 가늠하느라 밤 12시가 되도록 사무실을 떠날 수가 없었다. 행사 시작 시간은 11시. 하지만 부지런한 분들은 10시부터 매장 앞에 줄을 설 것이 분명했다. 나는 기능장 마크가 새겨진 흰 가운을 챙겨들고 일찌감치 집을 나섰다. 한여름이었지만 간밤에 소나기가 한 차례 지나갔는지 선선한 바람이 불었다. 날씨마저 우리를 도와주는 듯했다.

시식행사가 있는 날이면, 공장과 매장은 정신이 없다. 평소에는 50평 규모의 매장에 평균 15~20명 정도의 손님이 약 10분 정도 머무는 게 고작이지만, 시식행사가 벌어지는 날이면 50~60명의 손님들이 매장을 빼곡히 채우고 거의 20~30분은 돌아갈 줄을 모른다. 시식대에 올릴 빵을 구워내느라 공장도 바쁘기는 마찬가지다. 시식행사 자체뿐 아니라, 맛을 보고 빵을 사 가는 분들 덕택에 이날 매상이 평소보다 두세 배는 더 올라가기 때문이다.

매장 직원들도 나름대로 동선을 재느라 바쁘다. 진열대에 빵이 줄어들면 손님들이 눈치 채기 전에 즉시 채워주어야 하기 때문이다. 이것저것 묻는 고객들에게 친절히 응대하면서 요령껏 손을 재게 움직여줘야 한다. 공짜 행사라고 해서 왔더니 불난 호떡집처럼 부산스럽고 무질서하다는 생각을 품게 해선 안 된다. 매장 안 어느 한 곳에만 손님들이 몰리지 않고 적절히 움직일 수 있는 공간을 배정하는 일도 직원들의 몫이다. 매장 직원들은 시시 때때로 목소리를 높여 손님들을 끌면서 적절히 주의를 환기시킨다.

"하이토스트 식빵 시식이 시작됐습니다. 이리 오셔서 드셔보세요."
"손님, 지금 소보로 패스트리가 갓 구워져 나왔습니다. 시식해보십시오."
"다크후르츠 파운드 빵이 다시 나왔습니다. 아까 못 드신 분들 지금 드셔보세요."

사정이 이렇다 보니 오후가 되면 매장 직원들 목이 쉬어버리기 일쑤다. 그러나 쉴 수는 없다. 시식행사의 첫 번째 목적이 새로 나온 빵을 지역 주민들과 나눠 먹는 것이라면, 두 번째 목적은 고객들의 의견을 수렴하는 것이다. 직원들은 빵을 나눠주면서 동시에 손님의 반응을 유심히 체크한다. "맛있다", "좀 달다", "느끼하다" 등 손님들끼리 나누는 작은 소곤거림도 놓치지 않는다. 재료 하나하나 꼼꼼히 비교하며 따져주는 손님이 있다면 그렇게 고마울 수가 없다.

이날 선보일 신제품은 식빵 두 종류와 패스트리 두 종류, 한 끼 식사로 거뜬한 조리빵 세 점이었다. 공장에 들어서니 직원들은 누가 들고 나는지도 모를 정도로 각자의 역할에 빠져 있었다. 나는 공장장을 불러 반죽은 충분한지, 빵이 너무 빨리 동날 경우 20~30분 내로 부족한 물량을 얼른 내놓을 수 있을 만큼 충분히 성형을 해놓았는지 수량을 체크했다. 다행히 준비는 완벽했다. 처음 시식행사를 갖던 서너 번까지는 실수도 많이 해 웃지 못할 해프닝도 많았지만, 이제는 공장장에서 말단 직원까지 척하면 척, 한몸처럼 움직이고 있었다.

시식행사에서 제일 낭패는 갑자기 빵이 동나버리는 것이다. 첫번째 시식행사를 열었던 2000년에 그런 일이 일어났었다. 총 다섯 종류의 빵이 준비되었는데 그 중 두 종류가 오후 1시 무렵 완전히 동이 나버린 것이다. 다섯 개의 반찬을 기대하고 온 손님들에게 반찬 세 개짜리 밥상은 초라해 보이게 마련이다. 초기에는 그렇듯 시행착오도 많았다.

‖ 팔방미인이 돼야 하는 게 사장 ‖

8시가 되고 정식으로 매장 문을 열었다. 놀랍게도 벌써 20여 명의 손님들이 가게 밖에서 문이 열리기를 기다리고 있었다.

"오늘 시식행사 있는 날이죠?"

원래 행사는 11시부터이지만 그렇다고 기다린 손님들을 그냥 돌려보낼 수는 없다. 직원들은 재빨리 시식용 빵을 썰어 대접한다. 지나가던 사람들까지 매장 안으로 발걸음을 돌린다. 행사 시간인 11시까지 기다릴 필요도 없이 이미 시식은 시작된 것이다.

사장인 나는 공장과 매장을 번갈아 오가면서 때로는 얼굴마담이 되고, 때로는 반죽 담당자가 돼야 한다. 하지만 뭐니 뭐니 해도 무료 시식대 앞에서 찾아준 주민들과 인사를 나누고 빵을 권하는 일이 가장 즐겁다.

"제가 김영모입니다. 맛있게 드십시오."

주민들은 뭐가 재미있는지 내 얼굴을 자꾸 쳐다보며 웃는다. 그 중에는 같은 타워팰리스에 살면서 안면을 익힌 이웃 분들도 적지 않다. "맛있어요, 최곱니다. 잘 먹고 갑니다!" 찾아준 고객들이 엄지손가락

김영모 과자점의 시식 행사는 고객들을 위한 잔치이자, 더 좋은 제품을 만들어 내기 위한 리서치 공간이다.

을 치켜들어준다.

　오후 2시가 되자 로비의 공간도 모자라서 건물 출입구 밖 계단까지 손님들이 줄을 잇는다. 히트 작품이 상영되는 극장의 티켓 창구 앞에 서나 볼 수 있는 진풍경이 김영모 과자점 앞에서 펼쳐지는 것이다.

　정신없이 바쁘고 소란스럽고 북적대는 하루. 그러나 나눌 수 있는 보람이 있기에 하나도 피곤하지 않은 신기한 하루다. 온 동네 주민들이 다 모인 듯 북적거리는 가게, 그 중심에는 '세상에서 가장 신선한 빵'이라 불리는 김영모 과자점 빵이 놓여 있다.

‖ 타워팰리스 케이크, 아크로빌 빵 ‖

　김영모 과자점은 '까다롭기로 유명한 타워팰리스 주민들의 입맛을 사로잡은 빵집'이라는 수식어로 더 유명하다. 그래서인지 정작 매장을 찾은 사람들은 "뭐야? 다른 동네 빵집이랑 똑같잖아!" 하는 반응을 보인다. 타워팰리스 주민들이 찾는 빵집이라고 해서 인테리어가 으리으리하고 고급스러울 것이라 기대한 분들은 적잖이 실망한 눈치다.

　우리 빵집에는 별로 대단한 것이 없다. 그저 사방을 빼곡하게 채운 350여 종의 빵뿐. 흔하디흔한 인테리어 소품이나 특별한 조명 같은 것도 없다. 철저하게 빵이 주인공인 빵집이기 때문이다.

　"어떻게 타워팰리스 주민들의 입맛을 사로잡으셨나요?" 기자들이나 아는 분들로부터 이런 질문을 받으면 나는 시종일관 한 마디로 대답한다. "맛과 건강, 정성이지요."

　최근 1~2년 동안 근처에 두세 개의 빵집이 더 생겨났지만, 타워팰리스 전용 빵집이라고 불리는 곳은 아직도 김영모 과자점뿐이다. 그렇게까지 되기에는 주민들의 입맛을 잡기 위한 연구가 한몫 했다. 우선, 이곳 주민들은 어디서든 흔하게 볼 수 있는 기성 제품에 흥미를 보이지 않았다. 먹을 것이든 옷이든, 침구나 커튼까지 남과는 다른 독특한 취향이 돋보일 수 있는 제품을 원했다. 필요하다면 가구 하나도 용도와 취향에 맞게 주문 제작하는 사람들이 이들이었다. '타워팰리스' 케이크나 '아크로빌' 케이크같이 지역 주민만을 겨냥한 특화 상품이 나올 수 있었던 것도 이런 환경 덕택이었다.

김영모 과자점이 어디서나 흔히 볼 수 있는 빵집이 아니라, 작고 독창적인 윈도 베이커리라는 점이 여기서는 오히려 큰 장점이 됐다. 조직이 조금만 커져버리면 신제품을 고안하고 개발하는 일이 생각처럼 탄력적으로 이루어지기 힘들다. 하물며 모든 매장이 동일한 제품을 생산하는 프랜차이즈라면 더욱 그렇다. 하지만 김영모 과자점은 뭐든 시도할 수 있었다. 대한민국의 대표 상류층인 타워팰리스 주민들의 입맛을 연구해 맞춤 제품을 만들어낼 수 있었다.

때마침 웰빙well-being이라는 키워드가 새로운 문화코드로 떠오르면서 건강한 먹거리에 대한 관심이 폭발적이었다. 가격에 구애받지 않는다는 주민들의 특성에 힘입어 최고의 재료를 아낌없이 퍼부어 내가 꿈에 그리던 빵들을 만들 수 있었던 것은 행운이었다. 맛있게, 몸에 좋게 만들면 반드시 주민들에게 인정받고 선택받을 것이라는 믿음이 내게는 있었다.

두세 개의 경쟁 매장이 생겨나면서 영업은 오히려 더 탄력을 받고 있다. '독점이니 가격을 비싸게 붙인다'는 세간의 오해가 오히려 불식되었을 뿐 아니라, 서로 다른 빵집의 제품을 비교하면서 제품력에 대한 평가 역시 객관적이고 공정해졌다. 매출도 오히려 늘었다.

나는 직원들에게 늘 '최고가 되는 건 쉬워도 최고 자리를 유지하는 건 어렵다'는 말을 강조한다. 타워팰리스 전용 빵집이라는 수식어는 언제든 작은 실수 하나로도 쉽게 허물어질 수 있다. 사람의 입맛은 자꾸 바뀌고 트렌드나 사회 변화에 따라 고객의 니즈도 변한다. 푸짐한 양으로 승부했던 시대가 있었다면, 맛을 최고의 기준으로 여겼던 때도 있었다. 그리고 이제는 '건강'이 함께 가지 않으면 안 된다. 또 디자인 역시 판매의 관건이 되어가고 있다.

최고라는 자리에 있어도 팽팽한 긴장감을 놓을 수가 없다.

2

눈물 젖은 빵을
먹어보지 않은 사람은
인생을 논하지 말라

그래도 사는 게 낫지 않겠니

|| **세 분의 어머니, 두 분의 아버지** || 1979년 나는 드디어 결혼을 하게 됐다. 나를 탐탁해하지 않는 처녀를 죽자고 쫓아다녀 겨우 얻어낸 결혼 승낙이었다. 처녀의 마음이 변할까 다급해진 나는 대뜸 약혼식 날짜부터 잡았다. 빵집이 가장 바빠지는 5월이었지만 휴일에 짬을 내 약혼식을 올리기로 한 것이다.

　당시 사진을 보면 내가 자라온 어린 시절이 한눈에 보이는 듯하다. 안동의 전통 있는 가문답게 일가친척이 두루 모여 있는 신부 측과 달리 신랑 측은 부모님 달랑 두 분만 앉아 찍은 사진. 게다가 아버지 자리에 앉아 있는 사람조차 내 생부가 아니라 이모부였다.

결혼식은 5개월 뒤인 10월 14일에 있었다. 신랑 측 내빈석은 역시 듬성듬성 이가 빠져 있다. 왠지 어색해 보이는 어머니 옆에는 약혼식 때와는 달리 아버지가 앉아 계셨지만, 그 분 역시 내 생부는 아니었다. 약혼식 때의 아버지와 결혼식 때의 아버지가 다른 것을 처갓집 식구들이 눈치 챌 만도 하건만 짐짓 모른 척하신다.

결혼 후에도 처가 식구들은 나 때문에 여러 번 고개를 갸웃거리셨을 것이다. 아버지가 돌아가셨다며 광주엘 가더니, 몇 년 후에 또 아버지가 돌아가셨다며 왜관을 드나든다. 왜관 어머니가 돌아가셨다며 상을 치르더니 또 광주 어머니가 어쩌고저쩌고 한다. 알면서도 내 속사정을 걱정해 눈감아 주신 처가 어른들이 지금도 새삼 고맙다.

내 가족사를 이야기하자면 나 자신도 혼란스러울 정도로 복잡하다. 어머니, 아버지라 부른 분들도 여러 분, 피를 나눈 형제에 반쪽만 섞인 형제, 아예 섞이지 않은 형제들까지 10여 명이 넘는다.

나는 이혼한 생모와 생부의 손에서 갓난애 시절 버려졌다. 어머니는 형제 중 손위인 병호 형을 데리고 재가했고, 아버지 역시 새살림을 차리자 핏덩어리인 나는 해남 작은아버지에게 맡겨졌다. 그러나 직접 나를 데려다 키운 사람은 이웃에 살고 있었던 고모였다. 갓난아기 젖 동냥은 할 수 없는 노릇이니 또래의 아이를 키우고 있었던 고모가 나를 기르기에 만만하기도 했을 것이다.

그래서 내 기억 속의 첫 어머니는 바로 고모였다. 머리가 꽤 커질 때까지 나보다 한 살 많았던 사촌형이 내 친형이라 믿었다. 핏덩이로 그 집에 들어간 나는 사촌형이 먹어야 할 젖과 고모의 따뜻한 품을 독차지했다. 남편 없이 혼자 몸으로 자식 키우는 것도 힘들었을 텐데도 고모는 내색을 않고 나를 품어주셨다. 그러나 작은아버지와의 불화가 깊어지면서 한 동네에서 견디기가 힘들었던 모양이다. 어느 날 학교를 다녀오니 엄마와 형이 없어졌다. 영문을 모르고 울음을 터트린 나에게 작은 아버지는 "이 천치 같은 놈아, 그 사람은 네 엄마가 아니야! 네 고모라고! 천지 분간도 못하는 놈 같으니라고" 하고 욕을 하며 매질을 해댔다. 하늘이 무너지는 것 같았다. 엄마가 내 엄마가 아니라면 나는 어디서 떨어졌단 말인가? 매를 맞아 온몸이 퉁퉁 붓고 눈물과 콧물로 범벅이 된 나를 안아준 것은 작은어머니였다.

충격에 빠진 나를 며칠씩 꼭 끌어안고 주무시면서 작은어머니는 내 두 번째 어머니가 돼주었다. 주정뱅이 작은아버지는 집안 살림은 나 몰라라 하고 도박에만 빠져 있었을 뿐 아니라 툭 하면 주먹을 휘둘러 댔다. 작은어머니가 삯바느질을 해 받는 돈이 유일한 수입이었건만, 작은아버지는 집안 살림을 다 들어먹은 것도 모자라 그 알량한 돈마저도 빼앗아 노름판에서 날려버리기 일쑤였다. 그 때마다 화풀이 대상은 나였다.

매일 콩나물과 무가 더 많이 들어간 보리밥인지 보리죽인지 모를 것으로 끼니를 때우며 작은아버지에게 맞는 것이 일상이었지만, 작은어머니와 지냈던 그 해남 시절이 어찌 보면 가장 행복했던 때였는지도 모른다.

‖ 여기가 네 아버지 집이다 ‖

초등학교 5학년이던 어느 날이었다. 술에 잔뜩 취한 작은아버지가 내 손목을 끌고는 다짜고짜 버스에 태웠다. 버스가 두 시간 정도 시골 국도를 달렸다. 술 냄새를 풍기는 작은 아버지의 욕설과 승객들의 찌푸린 얼굴이 아직도 기억난다. 그렇게 도착한 곳은 광주의 한 양옥집 앞이었다.

"여기가 네 아버지 집이다. 여기서 돌아올 생각 하지 말고 붙어살아." 작은 아버지는 나를 남겨두고 돌아가 버렸다.

낯선 곳. 세련된 외모의 새어머니와 남동생 둘, 그리고 여동생은 냉랭한 표정으로 나를 쳐다봤다. 밤이 돼 낯선 남자가 돌아왔다. 난생 처음 보는 이 사람이 내 아버지란 말인가? 감색 양복에 중절모까지 쓴 중년 신사의 몸에서는 향수 냄새가 풍겼다. "이 놈, 혼자서 많이도 커버렸네." 아버지는 나를 와락 끌어안았지만, 이곳에 정을 붙이고 살 수 있을 것 같지는 않았다.

당연한 것이었겠지만, 새어머니는 나를 지긋지긋하게도 싫어했다. 아버지가 어머니를 버리고 새어머니와 가정을 꾸렸지만, 제 버릇 남 못 준다고 여전히 외박을 밥 먹듯이 하고 돈 한 푼 갖다 주지 않으니 그런 남자의 전처소생이 예쁠 리 없었을 것이다.

나는 보란 듯이 말썽을 피웠다. 매일같이 동생들이나 동네 아이들과 주먹다짐을 했다. 눈치 보고 기가 죽기 싫은 마음에 나온 행동이었다. 새어머니를 어머니라고 부르지도 않는 구박덩어리는 부부싸움의 주된 원인 제공자였다.

"돈도 못 벌어다주면서 애까지 데려다 맡겨? 다시 데려가라고 해!" 화가 머리끝까지 난 아버지는 잡히는 대로 물건을 던지다가 그래도 화가 풀리지 않으면 나를 족치기 시작했다. "이 자식, 새어머니한테 어머니라고 할래 안 할래!" 그래도 나는 눈물을 보이지 않으려고 입술을 깨물며 끝까지 입을 열지 않았다.

그 집에는 나 말고도 취업도 못하고 몇 년째 고시공부를 하는 막내 삼촌까지 군식구로 얹혀살고 있었다. 말수가 적고 항상 주눅이 들어 있던 삼촌은 유령처럼 밥 때만 잠깐 얼굴을 비추곤 했다. 내게도 말을 걸기는커녕 없는 사람 취급이었다. 여느 때처럼 동네 아이를 흠씬 패주고 들어온 날, 그 아이 엄마가 찾아와 새어머니에게 쌍소리를 퍼부으며 한바탕 소란을 피우고 돌아갔다. 어이없는 모욕을 당한 새어머니는 마당에 주저앉아 신세타령을 하며 울기 시작했다.

때마침 들어온 아버지는 금세 사태를 파악하고는 내게 주먹을 날리기 시작했다. 평소와는 비교도 할 수 없을 만큼 심한 매질에 몸이 풀썩풀썩 튀어오를 정도였다. 엉금엉금 기어 주먹을 피하던 나는 마침내 마당에 쓰러졌다. 식구들이 방으로 들어가고 잠시 시간이 흘렀을까? 삼촌이 나를 일으켜 옷을 털어주고는 데리고 집을 나섰다.

삼촌은 발걸음을 산 아래 철로 쪽으로 옮겼다. 나를 거의 끌다시피 철로에 도착한 삼촌은 비몽사몽 간을 헤매고 있는 나를 잡아다 손을 노끈으로 철로에 칭칭 묶기 시작했다.

"삼촌, 지금 뭐하는 거예요?"

"그렇게 사느니 차라리 죽는 게 좋지 않아? 사람대접도 받지 못하고 개처럼 살 필요가 어디 있어. 그냥 죽자."

내 손을 다 묶은 삼촌은 그 옆에 자기 손도 묶기 시작했다.

"나도 같이 죽어 버린다. 이렇게 살아서 뭐 한단 말이냐." 그제야 정신이 든 나는 끈을 풀어달라고 고함을 치기 시작했다. "삼촌, 죽긴 왜 죽어요. 나 죽기 싫어요. 죽으려면 혼자나 죽지 왜 나한테 이래요!" 목이 쉬도록 고함을 치는 나를 무시하고 삼촌은 철로에 큰 대자로 누웠다.

나는 있는 힘껏 몸부림을 쳤다. 손을 잡아당겨보았지만 억세게 묶인 끈은 꿈쩍도 하지 않았다. 발로 삼촌을 힘껏 걷어찼지만, 이미 죽기로 결심한 삼촌은 눈을 감고 미동도 하지 않았다.

"빨리 풀어줘요. 나 안 죽어요, 못 죽어요!" 악을 쓰는 사이에 어느 샌가 철로에서 진동이 느껴지고 있었다. 기차였다. 기차가 다가오고 있었다. 멀리서 덜컹 덜컹 리듬을 타며 기차가 다가오는 소리가 들려왔다. 덜컹 덜컹 덜컹 덜컹…. 진동은 점점 강해졌다. 기차 불빛이 보였다. 어두컴컴한 철길을 가르며 불빛이 빠르게 들이닥치고 있었다.

나는 몸부림을 치며 울부짖었다. 어깨와 발로 삼촌을 때리고 차며 짐승에 가까운 비명을 질러댔다. 노끈에 묶인 팔목이 시뻘겋게 달아올랐다. 나는 주변에서 돌덩이를 찾았다. 돌덩이로 손을 짓이겨서라도 빠져나가야 했다.

삼촌이 소리쳤다.

"너나 나나 더 살아봐야 고통뿐이야. 언제 사람 같은 대우를 받겠어? 그렇게 힘들게 사느니 죽는 게 나아."

살겠다고 울부짖으며 눈이 뒤집히려 하는 순간 기차 불빛이 내 눈을 찔러대기 시작했다. 기적소리는 바로 귓전에서 들려오는 듯했다. '아, 진짜로 죽는구나.' 나는 눈을 질끈 감았다.

그때였다. 어느 새 삼촌이 나를 부둥켜안고 철로 밖으로 몸을 굴렸다. 간발의 차이로 기차가 경적을 내지르며 지나가고, 캄캄한 정적 속에 내 울음소리만 울려 퍼졌다. 죽은 건지 산 건지도 분간할 수 없었다. 그때 삼촌의 나지막한 목소리가 들려왔다.

"그래도… 그래도 사는 게 낫지 않겠니."

끓어오르는 오열을 뚫고 나온 목소리는 비장했다. 둘이는 철로 옆에 앉아 한참을 흐느꼈다. 서로 다른 인생이었지만 삼촌이나 나나 그 당시 삶이 무겁고 막막하기는 마찬가지였다. 그곳에 갈 때처럼 돌아오는 길에도 우리는 아무 말이 없었다.

빵집 진열장을 들여다보던 배고픈 소년

|| 걸어서 걸어서 해남으로 || 광주에서의 생활 역시 배가 고프기는 마찬가지였다. 벌어오는 게 없으니, 김치와 멸치를 넣어 멀겋게 끓인 죽으로 끼니를 때우곤 했다. 먹을 것 때문에 받는 눈치와 설움은 그때 원없이 받아봤다.

내 유일한 낙은 홀쭉한 배를 움켜쥐고 학교 앞의 빵집 앞에 앉아 유리 진열장 안을 구경하는 것이었다. 빵과 도넛과 전병, 과자들이 풍기는 고소한 냄새가 나를 사로잡았다. 윤기가 자르르 흐르는 빵들, 설탕 가루가 소복이 뿌려진 꽈배기와 도넛, 조개 모양의 과자들은 아무리 봐도 질리지 않았다. 집에는 가기 싫고 배가 고픈 날이면, 나는 빵집 앞에서 하염없이 빵을 바라봤다. 보기만 해도 배가 불러지는 느낌이었다. 운이 좋은 날엔 빵 부스러기도 얻어먹을 수 있었다.

그때 맛본 빵 맛은 평생 잊을 수가 없었다. 빵을 한 입 베어 물면 기분이 좋아지고 몸이 허공에 둥실 떠오르는 느낌이 들었다. 나는 세상에서 제일 착한 아이가 되고 새어머니와 동생들은 나를 사랑해줄 것 같은 상상이 들었다. 하지만 그런 일은 일어나지 않았다.

죽도록 얻어맞고 울음을 삼키며 서럽게 잠들기를 반복하던 어느 날, 하교 길에 나는 큰 결심을 했다. 굶어도 좋고 맞아도 좋으니 나를 아껴주는 작은어머니가 계신 곳에 가기로 한 것이다.

무작정 버스터미널로 갔지만, 표 살 돈이 있을 리 만무했다. 눈치를 보던 나는 다른 승객들 틈에 끼어 해남 행 버스에 올랐다. 들킬까봐 속을 졸이고 있었건만, 아니다 다를까 30분쯤 지나자 운전사가 차표 검사를 시작했다. 표도 없고 통학 가방을 든 채 혼자 버스에 오른 나는 딱 가출한 문제아 모양새였다. 버스에서 쫓겨나 영산포 터미널에 내렸다. 나는 걸어서라도 작은어머니가 계신 해남까지 가기로 결심했다.

먼지가 뽀얗게 이는 비포장 길을 하염없이 걸었다. 채 몇 시간도 지나지 않아 먼지를 뒤집어쓴 거지꼴이 됐다. 해가 져 어둑어둑해질 때까지 나는 배고픔도 잊고 하염없이 걸었다. 어두운 산길에 접어들자 짐승의 울음소리에 날카로운 바람소리가 귀를 괴롭혔다. 나무들은 마치 살아있는 것처럼 덮칠 듯이 퍼덕거렸다. 기운도 없고 배도 고프니 우뚝 서 있는 허연 전봇대가 귀신으로 보이기도 하고, 지레 오금이 저려 그 자리에 주저앉기도 수십 번이었다. 까무러쳤다가 정신이 들면 다시 길을 재촉했다. 그렇게 이틀을 꼬박 한숨도 자지 않고 걸었다.

해남에 도착했을 때에는 거의 초죽음 상태였다. 나는 죽어가는 목소리로 "작은어머니…" 하고 불렀다. 문을 열고 나를 발견한 작은어머니가 깜짝 놀라면서 맨발로 뛰어나왔다. 얼마나 보고 싶었던 작은어머닌가! 하지만 그 반가움을 나누기도 전에, 나를 본 작은아버지는 다짜고짜 부지깽이를 들고 달려들었다.

"이 자식, 데려다 놨더니만 왜 다시 와!"

작은어머니가 말리려 했지만 미처 그럴 틈이 없었다. 작은아버지는 나를 부엌에 가둬놓고 정신없이 두들겨 팼다. 씩씩거리며 나를 때리다가 지치면 밖에 나가 물을 마시고, 다시 들어와서 또 두들겨 팼다. 부엌 밖에서는 작은 어머니가 이러지도 저러지도 못하고 눈물만 훔치고 있었다. 광주에서 얻어맞아 만신창이가 된 몸을 해남 작은아버지가 또 때리고 있었다. 이틀 밤낮을 걸어온 내 몸은 더 이상 아무 고통도 느낄 수가 없을 정도로 지쳐 있었다. 그대로 죽지 않은 게 이상했다.

내가 없는 몇 개월 사이에 집안 형편은 더 심해져 있었다. 부엌엔 온기라고는 없고, 빚쟁이들한테 시달린 작은어머니는 바깥출입도 하지 못할 정도였다. 그래도 새벽에 몰래 부엌문을 열고 들어온 작은어머니는 서둘러 밥을 지었다. "작은아버지 나가셨다. 어서 먹어라."

수저를 잡는 손이 힘없이 쳐졌다. 작은어머니가 한참 팔다리를 주물러 주자 겨우 숟가락을 들 수 있었다. 나는 눈물을 흘리며 밥을 삼켰다. "울면서 먹으면 체한다." 작은어머니는 내 등을 문지르며 말을 이었다. "너 여기 있다간 맞아 죽겠다. 너희 외갓집이 꽤 살 만한 것 같던데. 거기라도 가자. 해남 화산면에 가면 너희 외갓집을 아는 사람이 있을 게야. 거기서 엄마랑 형을 만나라."

나는 작은어머니와 같이 살고 싶은 마음이 굴뚝같았지만, 더 난폭해진 작은아버지 때문에 차마 입을 열 수도 없었다. 노름판에 간 작은아버지가 돌아오기 전에 우리는 얼른 정류장으로 갔다. 이웃 구멍가게에서 어렵사리 돈을 빌린 작은어머니는 내게 화산면까지 가는 차표를 끊어주셨다.

"잘 가. 꼭 엄마하고 형을 찾아라."

나는 작은어머니를 바라보았다. 그렇게 그립고 보고 싶어 이렇게 찾아 왔는데 다시 떠나야 하다니. 내가 엄마를 선택할 수만 있다면 작은어머니를 선택하고 싶었다. 하지만 현실이 그렇지 않았다. 가슴이 쥐어뜯기는 것 같았다. 안타깝기는 작은어머니 또한 마찬가지였다. 자식처럼 곁에 품고 살고 싶어도 내가 맞아 죽는 꼴을 보지 않으려면 서둘러 보내야 했다. 나를 바라보는 작은어머니 눈에서 쉴새 없이 눈물이 흘렀다. 그 후로 살아오면서 여러 이별을 겪었지만, 이 이별만큼 가슴 아팠던 기억이 없다. 연인과의 이별보다도 내게는 이 이별이 슬프고 가슴 저렸다. 차를 탄 뒤에도 버스 안에서 내내 눈물을 흘렸다.

화산면에 도착해 물어물어 외갓집을 찾았다. 새벽부터 반나절을 꼬박 걸은 끝에 나는 으리으리한 대문 앞에 도착했다. 온몸의 기운은 다 빠져나간 느낌이었다. 몰골은 영락없는 거지꼴이었다. 대문 앞에서 나를 발견한 한 할아버지는 "집 앞에 웬 거지가 왔으니 밥이나 한 끼 먹여 보내거라" 하고 식솔들에게 일렀다. 그렇게 말하는 할아버지에게 나는 남은 힘을 다 끌어 모아 죽어가는 목소리로 "저, 여기가 제 외갓집이라던데요" 하고 힘없이 내뱉었다.

할아버지가 내 얼굴에 붙은 먼지를 떨어내고는 한참 들여다보았다. 그러고는 "네가 그럼 병호 동생이란 말이냐?" 하고 물었다. 형의 이름은 알지 못했지만 어릴적 내 이름이 병무였으므로 나는 비슷한 이름이니 맞겠지 싶어 그렇다고 대답했다. 마당으로 온 식구들이 뛰어나왔다. 고향과 아버지 이름을 묻더니 다들 놀란 눈치였다. 이모 둘이 붙어 옷을 벗기고 씻기니 놀랍게도 형 병호와 똑같이 생긴 사내아이가 그 자리에 있었다.

나는 외갓집에 도착한 뒤로 일주일을 꼬박 앓았다. 외할머니와 이모들이 번갈아 밥상을 들여와 떠먹여주시고, 외할아버지도 가끔씩 들여다보시며 내 얼굴을 쓰다듬다 나가곤 하셨다. 아무도 나를 구박하지도 굶기거나 때리지도 않았다. 그런 세상은 난생 처음이었다.

어머니와의 첫 만남

화산면의 외할아버지 집은 부농 집안이었다. 나는 소에게 여물을 주고 쟁기를 끄는 법을 배우며 외갓집 생활에 서서히 익숙해져 갔다. 하지만 아무도 어머니와 형에 대해서 이야기해주지 않았다.

봄 학기가 다가오자 이모들은 나를 학교에 보내려고 했다. 하지만 광주 아버지 집에서 나오면서 아무것도 챙기지 못해 전학이 불가하다는 게 학교 측 대답이었다. 결국 이모들이 백방으로 수소문해 6학년에 다시 들어갔다.

할아버지는 내가 농사일에 소질이 있다며 이것저것 가르치려 하셨다. 딸 여덟에 하나밖에 없는 아들은 농사에 관심이 없으니, 할아버지는 나를 잘 키워서 가업을 잇게 하는 것이 은근한 소망이었다. 하지만 나 역시 농사가 좋아지지 않았다. 외갓집에서 평화롭게 지낼수록 나는 하루빨리 어머니와 형을 만나고 싶어졌다.

외갓집에 온 지 한 1년 쯤 지났을까. 학교에서 돌아오니 이웃 아주머니가 은근히 귀뜀을 해준다. "얘, 너 아직 모르고 있지? 내일 너희 어머니가 오신다더라." 나는 얼른 집으로 들어가 식구들의 표정을 살폈지만, 모두들 시치미를 뗐다.

다음날 점심 무렵, 새하얀 모시 저고리에 옥색 치마를 입은 귀부인이 집엘 찾아왔다. 그러나 외할아버지와 외할머니에게 절을 올린 귀부인은 내겐 눈길도 주지 않은 채 사랑채로 들어가 버렸다. 나를 데리러 오신 거라고 철썩 같이 믿었는데, 그게 아니었던 모양이었다. 실망한 나는 방문을 닫고 누워 있었다. 하지만 한밤중에 누군가 방문을 열고 살며시 들어왔다. 살짝 눈을 떠보니 어머니였다. 어머니는 아무 말 없이 담배만 태우시더니 눈물을 흘리셨다. 나 역시 잠든 체하며 실눈을 뜨고 그 모습을 말없이 지켜보았다.

다음날 어머니는 떠났다. 아들 하나 딸려 재가한 것도 눈치가 보이는 마당에 숨겨둔 아들이 또 있었다며 나까지 데려갈 수 없었다는 걸 나중에야 알게 됐다. 어머니의 담배 습관이 나를 두고 집을 떠나신 뒤 얻은 가슴앓이 때문이라는 것도 나중에 알게 됐다. 얼마 뒤, 나는 농사일을 배워 뒤를 이으라는 외할아버지의 권유를 마다한 채 어머니가 계신 왜관 근처의 이모 집으로 가겠다는 결심을 말씀드렸다. 근처에 어머니가 살고 있으니 가끔 먼발치로라도 볼 수 있으리라는 기대였다. 그 해 나는 중학교 2학년이 되었다.

|| 빵과 인연을 맺다 ||

어머니 가까이 살 수 있다는 기대에 마음이 부풀었지만, 왜관에서 맞닥뜨린 현실은 내 상상과는 달랐다. 좀처럼 어머니를 만날 수 없었을 뿐 아니라, 가끔 들른 어머니는 늘 뭐가 불안한지 좌불안석이었다. 어머니가 이모에게 매월 나의 생활비를 주긴 했지만, 거기서도 군식구이긴 마찬가지였다. 철이 들어서 그런지 남의집살이가 더 힘들었다. 비슷한 또래의 사촌들 틈에서 나는 친구도 형제도 될 수 없었다.

고등학교에 진학한 후 나는 더욱 외롭고 비참한 심사를 가누지 못했다. 이모가 구박을 하는 것도 아닌데, 괜히 미운오리새끼처럼 울컥 하고 서러운 마음이 들었다. 사촌들이 옹기종기 한 상에 모여 공부하는 모습을 보면, 그 안에 내가 끼어들 틈은 없다는 생각에 서글퍼졌다.

나는 더 이상 이렇게는 살 수 없겠다는 생각에 이모 집을 뛰쳐나왔다. 학교도 그만 두었다. '책만 들여다보면 세 장도 채 못 보고 잠이 드는 놈이 무슨 공부. 어서 빨리 돈을 벌어서 독립하자. 이제 더 이상 남의 집 더부살이는 하지 말자.' 나름대로 비장한 각오였다.

집을 나오겠다고 마음을 먹자 퍼뜩 떠오른 것이 빵집이었다. 보기만 해도 가슴이 부풀던 곳. 그곳이라면 일도 하고 기술도 배우고 끼니도 해결할 수 있지 않을까 하고 막연히 생각한 것이다. 나는 왜관을 돌아다니며 빵집마다 문을 두드렸다. 당시에는 먹여주고 재워주기만 해도 감지덕지하고 일하던 시절이었다. 그마저도 자리가 많지 않아 나는 연신 고개를 숙이고 사정을 해야 했다.

그렇게 해서 겨우 얻어낸 취직자리가 하필이면 어머니 집 건너편에 있는 빵 공장이었다. 일을 하다가 잠시 길에 나와 쉬고 있으면, 어머니와 가족들이 재잘거리며 지나간다. 그럴 때면 나는 얼른 몸을 숨겼다. 이모 집을 뛰쳐나온 이후로 나는 어머니도 형도, 아무도 만나고 싶지 않았다.

막내였던 나는 온갖 잡일을 도맡아 해야 했다. 수도가 없어 500미터 정도 떨어진 우물에서 물을 길어오는 것도 내 몫이었다. 그런데 우물까지 가려면 꼭 어머니 집을 지나야 했다. 어머니에게 모습을 들키기 싫었던 나는 왜관을 떠나기로 결심했다. 그리고 빵 공장에서 일한 지 6개월이 될 무렵, 주머니에 달랑 차비만 넣고는 대구행 기차에 몸을 실었다.

소년원에서 건진 인생

‖ 술과 주먹의 날들 ‖

대구에 도착하자마자 나는 취직자리부터 찾았다. 그렇게 처음 잡은 직장은 대구 시내 구멍가게들에 빵을 공급하는 제빵 공장이었다.

작업 환경은 형편없었다. 당시만 해도 전기나 가스오븐은 엄두도 낼 수 없었던 시절이라, 벽돌과 흙으로 쌓아 만든 화덕에 연탄불을 때는 오븐을 사용했다. 오븐은 계속 일정한 온도를 유지해주는 것이 중요하기 때문에, 집게로 연탄을 깬 뒤 진흙처럼 개어서 오븐 바깥쪽에 발라줘 온도를 내리거나 연탄 반죽을 긁어내 온도를 올리기를 반복해야 했다. 하루 종일 연탄과 씨름하다 보면 몸 전체가 일산화탄소에 찌들어 머리가 쪼개질 것처럼 아프고 속이 메슥거렸다.

빵집에서 좋아하는 빵을 실컷 만들게 됐건만 빵을 먹을 수는 없었다. 빵 하나 먹다가 들키면 코피가 나도록 맞기도 하고, 주머니에 빵을 숨겨 나왔다가는 쫓겨나기 십상이었다. 크림빵이 너무 먹고 싶어 몰래 훔치다가 재래식 화장실에 쪼그리고 앉아 허겁지겁 먹다 스스로 내 처지가 한심해 눈물을 흘리기도 하고, 찹쌀떡을 훔치다 몰래 먹다 목에 걸려 죽다 살아난 적도 있었다. 지금도 나는 옛 기억이 떠올라 찹쌀떡은 먹고 싶지 않다. 일 때문에 먹어야 할 때가 생기면, 잘게 잘라서 조심스럽게 씹곤 한다.

제빵 공장에서는 일 년 열두 달 보리밥에 김치를 먹는 게 고작이었다. 계란 한 개를 삶아먹다가 걸려서 3개월 동안 일을 못하기도 했다. 마가린을 조금 잘라 밥에 비벼먹다 들통나 주인에게 집기로 얻어맞은 적도 있었다. 직장을 옮겨보아도 어느 제과점이나 마찬가지였다.

대구에서 자리를 잡으면서 나는 어른의 세계로 들어섰다. 내 나이 열여덟이었다. 담배를 배웠고 돈이 생기면 술로 탕진했다. 내 삶에 관심 가지고 쓴소리 한 마디 해주는 사람이 없었다. 돈 쓰는 재미에 허구한 날 가불을 일삼았다. 술을 마시면 과격해져서 치고받고 싸우기도 잘했다. 누가 조금이라도 거슬리게 굴면 바로 주먹이 날아갔다. 몸집도 크고 주먹도 센 편인 내게 깡패로 들어오라는 조직도 있었다. 하지만 다행히도 그런 쪽으로는 마음이 끌리지 않았고, 빵을 만들 때만큼은 양처럼 순해져 있었다.

하루는 술을 마시다가 한 친구와 시비가 붙었다. 별 일도 아니었는데 내가 주먹을 심하게 휘둘러서 그 친구 이가 세 개나 부러지고 말았다. 치료비 줄 돈이 없다고 버티자 그 녀석이, 꽤 사는 집안 출신인 척 뻐기고 다니던 놈이 자기를 골탕먹이나 싶어 경찰에 신고를 해버렸다. 하지만 나는 합의서를 써줄 가족도 어른도 없었다. 결국 나는 소년원에 들어가게 됐다.

보호자가 와서 서명만 하면 출소할 수 있었지만, 나는 3개월을 그곳에서 버텼다. 그러나 날마다 싸움질만 하고 빵도 만들 수 없게 되자 나는 백기를 들고 형에게 연락을 취했다. 대구로 찾아와 나를 꺼내준 형은 은근히 자신만 선택받았다는 미안함을 갖고 있었던 듯했다. 새아버지도 내 존재를 눈치로 알고 있으니 같이 집으로 가자는 것을 나는 단호하게 뿌리쳤다.

그러나 그 후부터 형은 가끔씩 공장에 찾아와 이런저런 이야기를 해주었다. 나에게 관심을 갖기 시작한 것이다. 그리고 내가 알지 못했던 사연들도 알려주었다. 어머니는 나를 버린 것이 아니라 아버지의 폭행에 머리를 심하게 다쳐 병원에 입원했고 죽느냐 사느냐 할 정도의 공포 아래 도망치듯 이혼해 미처 나를 챙기지 못했다는 것도 알게 되었다.

이제 나는 예전처럼 되는대로 살아서는 소년원밖에 갈 곳이 없다는 것을 뼈저리게 깨달았다. 술도 줄이고 싸움도 하지 않았다. 적금을 들어 꼬박꼬박 월급을 집어넣었다. 하지만 아직 내 인생은 계획대로 될 만큼 그렇게 만만한 상대가 아니었다.

|| **깨어진 적금통장** ||

1년 만기 적금을 든 나는 난생 처음 목돈을 만질 꿈에 부풀어 있었다. 그래봤자 50만 원이었지만, 그 돈이 새로운 삶의 씨앗이 되어줄 것이라 믿었다. 한 달만 더 부으면 적금을 타게 될 무렵, 갑자기 사장님이 나를 불렀다.

"너 그만둬야겠다."

"왜 그러십니까?"

사장님은 보건소에서 받은 서류를 내밀었다. "너 결핵에 걸려서 일할 수가 없게 됐다. 몸 다 낫거든 그때 다시 와라."

하늘이 노래졌다. 결핵이라니. 이제 나는 서너 사람 몫은 충분히 해내는 숙련공이었다. 공장장이 없을 때면 케이크 데코레이션도 할 수 있을 정도였다. 하지만 결핵은 무서운 전염병이었다. 결핵에 걸렸다는 게 알려지면 회복을 해도 다시 그 업계에 발을 붙일 수가 없었다.

몇 년 동안 연탄가스를 맡으며 김치만 먹으며 생활한 탓이었을까? 하루 서너 시간씩 불도 안 들어오는 방에서 쪼그려 잔 게 문제였을까? 그도 아니라면 어린 몸에 쏟아 부은 담배와 술이 화근이었을까?

결국 내가 자초한 병이었다. 그렇게 쫓겨나다시피 공장을 나오니 갈 데가 없었다. 여인숙에 몸을 뉘이니 눈물만 흘렀다. 적금 탈 꿈에 부풀어 있었는데 내 삶은 다시 절망 속으로 꺼져들었다. 날마다 소주 병나발을 불며 신세를 한탄했다. 지금이야 항생제 하나면 고칠 수 있는 병이지만 당시에 결핵은 숟가락만 같이 써도 죽는 병으로 여겨졌다. 나는 여인숙에 처박혀 강소주를 마시며 죽기만을 기다렸다. 자포자기 상태에서 매일 술만 마시다 보니 병색이 완연해졌다.

서서히 결핵의 증상들이 나타났다. 얼굴이 귀신처럼 하얘지고 하루가 다르게 살이 뭉텅뭉텅 빠져나갔다. 밭은기침에 가래도 끓었다. 술을 마시다가도 숨이 차올라 헐떡거리기 일쑤였다. 끝도 없는 기침에 잠 못 이루는 날도 많아졌다.

어느 날, 나는 왈칵하며 피를 토했다. 이불에 선명한 붉은 색이 물드는 것을 보며 나는 '정말 이대로 죽는구나…' 하고 뇌까렸다.

담담히 맞이하자던 죽음이지만 막상 가까이 닥치고 나니 두려워졌다. 철로에 묶여 달려오는 기차를 바라봤던 그 순간처럼 공포가 밀려왔다. 한 번도 행복해져 보지 못하고 이대로 죽을 수는 없었다.

다음날 아침, 나는 대구로 온 후 처음으로 어머니에게 연락을 했다. 살려달라고 아프다고, 어서 와서 나를 좀 봐달라고 흐느끼며 부탁했다. 처음으로 어머니에게 부려보는 어리광이었다.

나를 찾은 어머니는 말을 잇지 못했다. 딱 산송장의 몰골이었다. 당신이 직접 간병할 수 있는 형편이 못 돼, 어머니는 평소에 잘 다니던 경북 구미의 영명사라는 절에 나를 맡겼다. 침술 등 동양의학에 도통한 맹인 주지스님은 내 손목을 잠시 잡아보시고 "음, 폐가 쇠했구먼" 하셨다. "살 수 있겠습니까?" 어머니가 다급한 목소리로 묻자, 스님은 "심하지 않아. 석 달만 치료하면 돼" 하셨다.

그날부터 나는 절에서 기거하며 몸을 추슬렀다. 스님은 침을 놓고 뜸을 뜨고, 또 약침 같은 주사도 놓아주셨다. 두 달 동안은 일어나지도 못했다. 몸은 힘없이 축축 늘어지기만 했고, 어쩌다 자리에서 일어나도 어지럼증 때문에 몇 발짝 걷지 못하고 쓰러졌다. 주지스님과 행자들이 번갈아가며 찾아와 미열이 있나 살피고 땀을 닦아주곤 했다.

두 달이 지나면서부터 나는 조금씩 거동을 시작했다. 어머니는 형을 통해 일주일에 한 번씩 닭이나 돼지고기를 보내셨다. 절간에서 고기를 먹을 수는 없는 노릇이라 개울가에서 먹고는 양치질을 하고 들어오곤 했다.

나와 함께 방을 쓰던 내 나이 또래의 맹인 행자는 속세에서 갖은 고생을 다 했지만, 지금은 절에서 주지스님께 침술을 배우며 점자로 열심히 공부도 하고 있었다. 그를 보면서 내 마음 속에선 만감이 교차했다. 어려운 환경 속에서도 이렇게 열심히 사는 사람이 있는데, 나는 도대체 무얼 했단 말인가. 제과 기술을 배우면서도 내겐 인생의 목표 하나 없었다. 더 나아지려고 계획하고 노력한 적도 없었다. 기술만 익혔을 뿐 삶을 살아가는 자세가 전혀 되어 있지 않았던 것이다.

5개월 동안 절에서 생활하면서 내 마음에는 큰 변화가 일어났다. 우선 다시는 술과 담배로 내 몸을 괴롭히지 않으리라 결심했다. 또 기력을 회복하고부터는 새벽 예불에서 스님들과 함께 백팔 배를 하면서 마음을 다잡았다. 열심히, 성실하게 살자. 절 밖으로 나가면 꼭 이 다짐을 실천하자.

나는 건강해진 몸으로 주지스님의 배웅을 받으며 산을 내려왔다. 나에게 제2의 생명을 준 은인이었다. 오직 감사하는 마음으로 내 인생을 챙기며 사는 것이 그분에게 보답하는 길이라 믿었다. 지금은 고인이 된 주지스님은 평생 사례도 받지 않고 아픈 환자들을 돌보며 기도와 절만 하며 사신 분이었다. 사람은 평생 세 번 귀인을 만난다고 하는데, 나에게는 그 스님이 귀인 중 한 분이었다.

최악의 경우를 받아들여라, 그리고 그것을 개선하라

|| 등 떠밀려 간 군대 ||

병에서 회복된 나는 다시 대구로 돌아왔지만, 좀처럼 일자리를 찾을 수 없었다. 나는 무작정 서울로 올라갔다. 여인숙에 묵으며 퉁퉁 분 우동 한 그릇으로 하루 끼니를 때우며 취직자리를 알아보러 다녔다. 그러던 어느 날 군대 영장이 덜컥 날아왔다. 나는 어느새 스무 살이 돼 있었고 이미 대구에서 두 번이나 입영을 연기한 적이 있었다. 울며 겨자 먹기로 신체검사를 받으러 갔다. 팬티 바람으로 순서를 기다리고 있는데 뒤에서 누군가가 내 이름을 불렀다.

"너 병무 아니야?" 누가 내 호적 이름을 부르는 걸까 하고 돌아보자, 고종사촌 청천이 형이었다. 오랜 세월이 흘렀지만 우리는 서로 모습을 알아봤다. 얘기를 듣자 하니 고모와 후일 생긴 광운이라는 동생과 함께 옥수동 산동네에 살고 있다는 것이었다. 생선장사로 늙고 초라해진 고모의 모습을 보는 것은 고통스러운 일이었다. 그렇게 나는 고모를 다시 만났지만 한참 세월이 흐르기까지 쉽사리 발길을 할 수 없었다. 그러기엔 남은 기억이 너무나 힘겨웠다.

나는 다시 한 번 입영을 연기했고, 몇 달을 기다린 끝에 취직도 하게 됐다. 빵 종류만도 80여 종에 이르는 규모가 꽤 큰 빵집이었다. 얼마만에 다시 하는 빵 만들기였던가. 나는 신이 나서 일을 했다. 밤이면 모두 퇴근한 공장에서 열심히 장미꽃 짜는 연습을 했다. 지금이야 생과일과 초콜릿, 생크림 등으로 케이크를 장식하는 것이 일반적이지만 당시에는 버터크림으로 직접 꽃 모양을 짜내어야 했다. 고도의 기술이 필요해서 공장장과 부공장장이 아니면 할 수 없는 일이기도 했다.

나는 들어가자마자 참모와 부공장장 역할을 함께 하게 됐다. 기술이 좋은 편이라서 공장에서도 빨리 인정을 받았다. 어느 날 사장과 공장장 간에 마찰이 생겨 공장장이 그만두자, 나는 21살의 나이에 전격적으로 공장장이 되었다. 믿을 수 없는 행운이었다.

나는 평소에 하고 싶었던 대로 빵 배합도 바꿔보고 케이크 데코레이션도 더 화려하게 꾸몄다. 틈이 날 때마다 새로운 빵 메뉴를 개발해보기도 했다.

그렇게 1년가량 신나게 일을 하고 있는데 다시 영장이 날아왔다. 더 이상 연기할 수도 없었다. 나는 절망에 빠졌다. '이제 조금 자리 잡고 살 만해졌는데….' 기능인에게 군대는 치명적이었다. 일단 부정적인 생각에 빠지자, 계속 나쁜 면만 보였다. 3년을 군대에서 썩고 나면 친구들은 모두 공장장 급으로 저만치 올라가 있을 것이고, 나는 밑바닥부터 다시 기술을 배워야 할 것이 분명했다. 입소일이 하루하루 다가오고 있었지만 나는 사장이나 절친한 친구에게도 말을 꺼내지 못하고 혼자서만 끙끙 앓고 있었다.

입소 3일 전에 친구를 만났다. 말도 없고 웃지도 않고 수심이 가득한 내 얼굴을 보자 친구가 시시콜콜 캐물었다. 그제야 나는 영장이 나왔다고 털어놓았다. 친구는 펄쩍 뛰었다.

"빨리 가야지 왜 안 가냐?"

"가기 싫어. 3년이면 그 동안 쌓은 기술 다 잊어버리고 처음부터 다시 시작해야 될 텐데."

"그게 문제가 아니야. 군대 안 가면 취직도 못해. 군대 기피자는 제대로 대접도 받을 수 없고. 빨리 가라. 너라면 군대 3년 정도는 얼마든지 극복할 수 있어."

친구 말이 백 번 옳았지만, 나는 쉽게 수긍할 수 없었다. 다음날이 되자 친구는 내 손을 잡아끌고 강제로 머리를 깎였다. 그리고 기차역으로 데려가더니 억지로 광주행 기차에 실어버렸다. 나는 여차하면 기차에서 뛰어내릴 생각이었다. 그런데 기차가 떠난 지 얼마 후, 친구가 쓱 옆자리에 앉는 것이 아닌가. "마음이 안 놓여서 따라왔다. 내 눈으로 훈련소 들어가는 것까지 확인해야겠다."

광주 31사단 앞에서도 친구와 나는 옥신각신 다투었다.

"빨리 들어가라."

"싫어. 안 간다."

"빨리 들어가라니깐!"

소집 시간이 다 지나서야 나는 화를 내는 친구에게 등을 떠밀려 억지로 영내로 들어섰다. 몇 발자국 걷는데 '이거 큰일 났구나, 잘못 왔구나' 하는 생각이 퍼뜩 들었다. 돌아보니 친구는 이미 가버리고 없다. '옳다구나! 빨리 도망가야겠다.' 정문 밖으로 나가려는데, 이번에는 보초병이 가로막았다. 나는 도장을 안 파왔으니 나갔다 와야겠다며 둘러댔다.

보초병은 "헛소리 말아!" 하더니 곧바로 개머리판으로 때릴 태세였다. 소집 시간이 지나서 한참이나 늦게 들어온 놈이 다시 나가려고 하니 도망치려는 눈치라는 걸 알아차린 것이다. 나는 보초병을 피해 '걸음아 나 살려라' 하고 뛰었다. 그런데 아무리 뛰어도 보초병은 계속 쫓아오는 게 아닌가. 그렇게 계속 뛰다보니 어느덧 사람들이 웅성웅성

모여 있는 곳에 이르렀다. 곧바로 훈련병 두 명이 다가와서는 "이름이 뭐야? 왜 이렇게 늦었어?" 하며 무서운 얼굴로 얼차려를 시키는 것이었다.

끝장이었다. 도망친다는 게 그만 진짜 군대에 들어와 버린 것이다. 정말 오기 싫은 곳이었는데 이렇게 허망하게 들어오고 말았다. 세상이 끝나버린 것 같았다.

‖ 내 인생을 바꾼 한 권의 책 ‖

입대 후 며칠 동안 나는 밥도 못 먹을 정도로 기운이 쭉 빠져버렸다. 쉬는 시간에 피는 담배 한 개비가 그나마 숨통을 틔워주었다. 그래도 훈련소에서 지내는 동안은 몸이 고단하니 오히려 잡생각이 덜했다. 자대 배치를 받고 나서는 오히려 생각할 시간이 많아서인지 허탈감이 더해갔다.

'친구들은 지금 신나게 빵을 굽고 있겠지….' 손바닥에 동그란 밀가루 반죽을 올려놓고 조물조물 굴릴 때의 그 말랑한 감촉이 그리웠다. 팽팽히 부풀어 올랐던 반죽이나 오븐 속에서 노릇노릇 제 빛깔을 뽐내던 빵들이 눈에 선했다. 나는 말수가 없어지고 어두워져갔다. 마음속에선 '제대 후부터 잘하면 되잖아!' 하는 밝은 목소리가 들려왔지만, 정작 머리는 비관적인 쪽으로만 흘렀다.

그러던 어느 날이었다. 여느 때처럼 의기소침하게 내무반에 앉아 있던 나는 다 헤져 굴러다니는 책 한 권을 발견했다. 주워보니, 표지가 없어지고 군데군데 뜯어져서 무슨 책인지 알 수가 없었다. 나는 그 낡은 책을 천천히 들춰보기 시작했다. 원래 두세 쪽만 봐도 졸릴 정도로 책과는 전혀 인연이 없는 나였지만 달리 할 일도 없었다.

작가는 자기 인생에 대해 한참 너스레를 늘어놓았다. 찢어지게 가난한 집에서 태어나 막노동판을 전전하다 삼류 영화 단역배우를 하기도 하고 세일즈를 해 연명하던 하류인생. 지긋지긋하게도 벗어날 수 없었던 그 좌절의 늪에서 허우적거리던 그는 마침내 달리는 기차에 뛰어들기로 했다. 그런데 철로에서 기차가 오기를 기다리고 있자니 갑자기 마음이 편해졌다는 것이다. '그래도 내가 처한 상황이 최악은 아니지 않은가?' 이 의문이 그의 뇌리를 스치고 지났다는 것이다. 간발의 차이로 기차를 보내버린 그의 얼굴에는 미소가 떠올랐다. 그리고 그 순간 '절대적 불행이란 없다'는 것을 깨달았다.

그는 자신이 얻은 중요한 깨달음을 세 마디로 정리했다. 죽음 외에는 벗어날 길이 없는 엄청난 불행 속에 빠졌다고 여길 때 이렇게 생각하라는 것이다.

첫째, 최악의 경우를 생각하라.
둘째, 최악의 경우를 그대로 받아들여라.
그리고 셋째, 최악의 경우를 개선하라.

그러자 죽음만 생각할 때는 보이지 않았던 방법들이 하나 둘 보이기 시작했다고 한다. 비록 벼랑 끝에 몰려 있었지만, 도움을 줄 사람도 있었고 헤쳐 나가볼 만한 길도 있었던 것이다.

그 대목에서 나는 마치 망치로 머리를 얻어맞은 것 같은 충격을 받았다. 군대가 끝장이라고 생각하며 좌절했던 내 모습이 얼마나 한심했던가. 건강을 되찾았고, 먹여주고 재워주는 군대도, 제대 후에 할 수 있는 일도 있었다. 이것이 최악이란 말인가? 웃음이 나왔다.

 마음을 가다듬고 내게 닥칠 수 있는 최악의 경우가 무엇인지 찬찬히 생각해보았다. 그것은 '제대 후 손이 굳어져 아무 기술도 배울 수 없고 아무데서도 받아주지 않는 가운데 술과 담배에 절어 여인숙에서 죽어가는 것'이었다. 하지만 이것은 아직 일어나지 않은 가정(假定)에 불과했다. 나는 왜 일어나지도 않은 일 때문에 절망하는가? 왜 그 최악의 상황이 벌어지지 않게 하기 위해 노력하겠다는 생각은 하지 못한 것일까?

 나는 최악의 상황을 개선하기 시작했다. 최악을 받아들이고 그것이 일어나지 않도록 준비하기 시작한 것이다. 그날부로 나는 담배를 끊었다. 술도 마시지 않기로 했다. 나는 독해졌다. 남들은 군대 와서 담배를 배운다는데 오히려 나는 하루 만에 담배를 완전히 내 인생에서 잘라냈다. 그리고 서울에 있는 친구들에게 제과·제빵에 대한 책을 보내달라고 부탁했다. 그리곤 밀가루도 오븐도 없는 혼자만의 제과 실습을 계속했다.

 어디든 내가 있는 곳이 빵 공장이 되었다. 책을 도마 삼아, 행주나 걸레를 밀가루 반죽이라고 생각하고 연습했다. 틈날 때마다 볼펜이 버터크림 주머니라고 상상하면서 손바닥으로 쭉 훑어 올렸다가 짜고, 또 쭉 훑어 올렸다가 짜는 연습을 반복했다. 이 연습이 최고의 손 감각을 지켜줄 것이라 믿으면서. 외박이나 휴가를 나가면 친구들이 일하는 공장에 가서 그들을 관찰하며 내 감각을 가늠했다. 문제없었다. 나도 할 수 있을 것 같았다.

 군대에서 읽은 낡아빠진 책 한 권이 내 인생을 구했다. 술과 담배를 떨쳐버리고 건강한 몸으로 돌아오게 해준 곳, 새로운 깨달음을 얻게 해준 곳. 나는 오히려 군대 예찬론자가 됐다. 훈련장까지 따라와 등 떠밀어준 친구가 아니었다면 지금의 나는 없었을 것이다.

그 낡은 책 한 권으로 인해 나는 독서하는 습관을 몸에 익혔다. 책 읽기가 너무나 즐거워졌다. 손에 잡히는 것이라면 뭐든 닥치는 대로 읽었다. 군에 있는 3년 동안 읽은 책만도 어림잡아 200여 권. 세월이 한참 흐른 후, 표지가 떨어져나갔던 그 책이 바로 전설적인 자기개발 전문가였던 데일 카네기의 전집 중 『행복론 - 걱정으로부터의 자유』였다는 것도 알게 됐다.

‖ 최고라는 목표 ‖

제대를 하고 나는 선택의 기로에 섰다. 마음만 먹으면 작은 제과점의 공장장으로도 갈 수 있었다. 그동안 틈틈이 지식을 쌓고 손 기술에 녹이 슬지 않도록 연습한 덕택이었다. 하지만 이미 내 목표는 공장장이 되는 것도, 돈을 버는 것도 아니었다. '한국 최고의 제과 기능인이 되는 것.' 그것이 내 목표였다. 월급 10만 원을 받으며 뱀 머리가 되기보다 박봉을 받는 말단 직원이라도 좋으니 배울 것이 많은 곳을 선택해야 했다.

'한국 최고의 장인이 있는 곳으로 가자. 경력도 중요하지만 새로운 기술을 많이 받아들이고 시도하는 분을 찾자.' 이번에도 군대로 나를 떠밀었던 친구가 큰 도움이 돼주었다.

"당연히 P제과점에서 공장장으로 있는 분이지. 일본 동경제과학교에도 유학을 다녀오신 분으로 지금으로선 그 분이 최고야."

나는 그를 내가 넘어야 할 큰 산으로 정해놓고 때를 기다렸다. 이력

서를 제출하고 빈자리가 생겨 연락이 오기만을 기약 없이 기다리기 시작한 것이다. 친구들은 월급도 적고 고생만 할 게 뻔한데 사서 고생하려고 그런 곳을 가느냐고 말렸지만 나는 아랑곳하지 않았다.

생활이 궁핍해 친구가 일하는 공장에서 일을 거들고 밥만 겨우 얻어먹는 생활을 계속했다. 그렇게 기다린 지 56일. 마침내 출근하라는 연락이 왔다. 나는 마치 세상을 다 얻은 것처럼 기뻤다.

기다림은 헛되지 않았다. 당시의 P제과점은 성장일로에 있는 업체로 새로운 시도와 도전으로 가득한 곳이었다. 내게 맡겨진 일은 설거지와 반죽하는 말단 업무. 새벽 4시부터 밤 9~10시까지 앉을 틈도 없이 일하고, 모두들 퇴근한 후에도 뒷정리를 하고 밤 12시에 반죽을 치는 게 내 일과였다. 기계가 반죽을 하는 10~20분간 위생복과 모자, 앞치마를 빨아 널어놓고, 반죽이 끝나면 내 개인 연습 시간이었다. 나는 버터크림을 꺼내 장미꽃 짜는 연습을 했다. 장미꽃 정도는 이미 군대에 가기 전부터 짤 줄 알았지만, 내가 모시는 공장장의 장미꽃과 똑같이 짤 수 있을 때까지 손에 익혀야 했다.

모양이 제대로 안 날 때면 화가 나서 손등을 물어뜯기도 했다. 이미 손에 길이 들어 있어 그것을 바꾸기가 어려웠다. 홧김에 문 자국들에 시퍼렇게 멍이 들고 거기를 또 물어 비명을 지르곤 했다.

그렇게 연습을 하고 기숙사로 올라가면 보통 새벽 2~3시가 넘었다. 하루 1~2시간 자는 게 고작이었다. 3개월 정도 지났을까? 나는 공장장의 부름을 받았다.

"너 밤늦게 남아서 연습한다며?"

긴장한 나는 고개를 숙였다.

"그런 짓 하지 마라. 나는 그런 거 안 좋아한다."

시시콜콜 잔소리를 하는 분이 아닌데 목소리가 싸늘하다. 아마도 다른 직원들과의 마찰을 염려하는 것 같았다.

얼마 후 크리스마스가 되었다. 그 해에 만들 케이크 물량은 2천여 개. 크리스마스인만큼 더 화려한 꽃 장식이 필요한 작업이었다. 케이크 하나에 꽃 4~5개씩 올라간다고 쳐도 1만 개나 되는 양이다. 평소에 직원들의 기술 훈련이 안 되어 있으면 공장장 혼자 해내야 하는 몫이다. 크리스마스 전날 아침, 나와 부공장장이 공장장 앞에 불려나와 꽃 짜는 시범을 보였다. 세 명이서 각자 하나씩 장미꽃을 짠 다음 공장장은 직원들에게 누가 짠 것인지 구별해보라고 했다. 직원들은 부공장장의 것은 바로 구별해내도 내 것은 공장장의 것과 구별하지 못했다. 결국 나는 공장장 옆에서 크리스마스 케이크의 꽃 장식을 하게 됐다.

얼마 후 부공장장이 다른 제과점으로 이직하게 되자, 나는 하루아침에 부공장장으로 승진했다. 말단 직원이 9개월 만에 부공장장이 되는 일은 선례가 없던 사건이었다. 당연히 공장 내의 반발은 심했다. 선임자가 일곱 명이나 있는데 말단이 부공장장이라니. 빵 기술도 제대로 모르는 놈이 장미꽃 짜는 걸로 공장장 눈에 들었다고 불만이 대단했다. 발령이 난 후에도 내 말을 듣기는커녕 사사건건 트집을 잡고 태업을 하기 일쑤였다.

억울한 일이었지만 그들의 마음을 열려면 무엇보다 실력으로 인정을 받아야겠다는 생각을 했다. 나는 배합에서 성형, 오븐에 구워내는 일을 예전보다도 더 한 치의 오차도 없이 해냈다. 또 다른 직원들이 케이크 두 개를 만들 때, 나는 세 개를 더 예쁘고 깨끗하게 만들어냈다. 간혹 공장장이 아파서 결근하면 나는 강아지, 토끼, 병아리, 오리까지 공장장이 만든 것과 똑같은 장식을 올려냈다. 사장조차 공장장의 결근을 까맣게 모를 정도였다.

　그렇게 한 달 정도 지나자 직원들이 서서히 나를 인정하기 시작했다. 통닭집에서 맥주잔을 기울이며 직원들은 마음의 벽을 허물어 주었다. 1978년, 나는 P제과점의 부공장장으로 자리를 굳히고 조금씩 목표를 향해 다가가고 있었다.

　하지만 최고의 제과 기능인이 되려면 아직도 넘어야 할 산이 많았다. 나는 월급 9만 원 중 8만 원을 저축했다. 그리고 이 두 번째 적금만은 절대로 깨뜨리지 않으리라 다짐했다.

단칸 셋방으로 떠난 신혼여행

|| 딸 도둑질 ||

제대 후부터 나는 줄곧 결혼이 하고 싶었다. 너무 오랫동안 혼자 외로웠던 것이다. 공장에서 지내는 것도 지긋지긋했다. 따뜻한 아랫목, 문을 열면 반겨주는 가족, 사랑하는 사람의 체온이 너무나 그리웠다. 최고의 제과 기능인이 되려면 우선 안정된 가정이 필요했다.

결혼과 함께 퇴직하게 된 매장 여직원의 환송회 자리에서 나는 여직원의 친구로 자리를 함께 한 자그마하지만 야무지게 생긴 여성에게 눈길이 갔다. 간곡한 부탁으로 소개를 받게 된 그녀는 몇 번 만나보니 더욱 호감이 갔다. 얌전하고 예의 바르면서 퇴근 후에는 이것 저것 배우며 자기개발에도 열심인 당찬 아가씨였다. 나는 적극적으로 구애를 하기로 마음먹었다.

시간도 돈도 없으니 내가 할 수 있는 일이라곤 매일 새벽 4시에 일어나서 연애편지를 쓰는 것이었다. 내 과거와 일상, 꿈에 대해 솔직히 써내려간 편지를 가슴에 품고 있다가 공장에 밀가루를 배달하는 아는 동생을 통해 보내곤 했다. 하지만 좀처럼 답장이 없더니 어느 날부턴가는 보낸 편지가 돌아오기 시작했다. 그러고는 이내 '그만 만나자'는 답장이 날아왔다.

나는 공장 일을 팽개치고 한달음에 뛰어가 다짜고짜 뭐가 싫으냐고 따져 물었다. 꼼꼼한 처녀답게 고민이 많았던 모양이다. 결핵을 앓았던 전력에서부터 술 담배 많이 했던 것, 50킬로그램을 겨우 넘는 야윈 몸까지 문제가 됐다.

나는 술 담배는 끊었고 결핵은 완치됐으며 결혼하면 책임지고 살을 찌우겠다고 약속했다. 그리고 끈질긴 구애를 계속했다. 처음엔 싫다고 도리질을 하던 처녀는 집요한 내 구애에 조금씩 마음이 열리기 시작했다. 그리고 일단 마음이 열리자, 처녀는 너무나 포근한 사람이었다. 끼니 때마다 밥은 먹었는지 챙기고 맛있는 반찬을 만들어 날라다주고, 내가 피곤해보이면 어깨를 감싸줄 줄도 아는 인정 넘치는 사람이었다. 부모한테도 사랑을 받아본 적 없는 나는 그 때마다 코가 시큰해졌다. '이 사랑을 받으려고 내가 그렇게 힘들었나 보다' 싶었다.

나는 스물두 살 처녀의 마음이 변할까 결혼을 서둘렀다. 하지만 조금 더 직장 생활을 해 혼수 비용을 장만하고 싶다는 것이 아내의 소박한 바람이었다. 나는 아무 것도 필요 없으니 인사부터 드리러 가자고 서둘렀다. 다행히 서울에 계신 아내의 삼촌 세 분께는 배짱과 뚝심이 있는 사나이의 모습을 보여드려 점수를 땄다. 안동의 장인 장모님도 삼촌들의 인정을 받은 나를 별 말 없이 받아들여 주셨다. 지금 생각하면 딸 도둑질이나 다름없는 일을 내 뚝심 하나 믿고 허락해주신 처가 식구들에게 감사할 따름이다.

|| 어머니, 아내와 보낸 첫날밤 || 막상 결혼을 하려고 보니 정말 가진 게 없었다. P제과점에서 받은 월급을 꼬박 모아 받은 적금 100만 원이

전 재산이었다. 다행히 결혼식을 앞두고 나는 무교동 보리수 제과점의 공장장으로 가게 됐고, 월급도 올랐다. 우리는 등촌동의 부엌 한 칸 달린 방에 신혼살림을 차렸다.

돈이 없는 우리는 신혼여행을 포기했다. 대신 택시 다섯 대를 빌려 친구들과 임진각까지 네 시간 동안 드라이브를 다녀왔다.

집으로 돌아오자 왜관 어머니가 신혼집에 와 계셨다. 지방에서 올라와 차 시간을 놓치신 바람에 신혼여행을 떠났을 게 분명한 우리 집에 와 주무시려던 어머니는, 신혼여행은커녕 당일 저녁 돌아온 우리를 보고 깜짝 놀라셨다. 그리고 번듯한 신혼여행조차 떠나지 못한 우리 두 사람을 보고 연신 눈물을 닦아내셨다. 자랄 때도 해준 게 없는데 이렇게 행복한 날에 옹색하게 단칸방으로 돌아온 우리가 마음에 밟히셨던 모양이다. 그날 본의 아니게 어머니와 함께 첫날밤을 보내게 된 나는 어머니와 처 앞에서 굳은 약속을 했다.

"어머니, 울지 마세요. 저희 잘 살겠습니다. 지금은 비록 이렇게 초라하게 시작하지만 앞으로는 정말 번듯하게 사는 모습을 보여드리겠습니다."

그리고 어머니 앞에서 나는 신혼여행을 생략한 대신 매년 결혼기념일마다 아내와 둘이 여행을 가겠다고 다짐했다.

그날 우리는 어머니와 함께 누워 첫날밤을 보냈다. 그리고 그날의 약속을 나는 단 한 번도 어기지 않았다.

내 가게 그리고 내 가족

가난했지만 꿈처럼 달콤한 신혼생활이었다. 아침 7시에 나는 아내의 환한 미소를 뒤로 하고 집을 나섰다. 주머니에는 비상금 천 원과 토큰 두 개가 전부였지만, 발걸음은 날아갈 것 같았다.

우리 부부는 싸울 일도 없었다. 그저 서로 애처롭고 안쓰러워 어떻게 하면 잘해줄까 하는 궁리뿐이었다. 아내는 아내대로 늦게까지 일하는 내가 안쓰럽고, 나는 나대로 어린 나이에 살림한다고 허리띠 졸라매고 고생하는 아내가 안쓰러웠다. 빵집이라 퇴근이 늦는데, 퇴근 후에도 일종의 아르바이트인 기술 지도 등을 하느라 늘 통행금지 5분 직전에야 겨우 집에 들어올 수 있었다. 아내는 불평 한 마디 없었다. 그런 아내가 예뻐 나 역시 틈나는 대로 빨래며 청소를 도와주곤 했다.

보리수 제과점에 다니는 3년 사이에 아들 둘이 태어났다. 아이가 태어나면 당연히 들어갈 돈도 많은데 복을 타고난 아이들인지 그때마다 굵직한 기술 지도 요청이 들어와 적금을 깨지 않아도 되었다. 하지만 아내 고생이 이만저만이 아니었다. 연년생인 두 아이 챙기랴 살림 하랴, 가뜩이나 몸이 약한 아내는 늘 파김치가 돼 있었다.

우리는 3년 동안 열심히 고생한 덕택에 2천 700만 원을 저축할 수 있었다. 결혼 당시 내 월급은 12만 원이었는데, 연일 빵집 매상이 오르자 사장님은 공장장인 나의 월급을 3개월 간격으로 파격적으로 올려주셨다. 그 돈과 퇴근 후 아르바이트를 해 모은 돈 등이 고스란히 통장에 모아진 것이다. 그리고 마침내 꿈에 그리던 내 빵집을 차릴 수 있게 됐다. 최고의 제과 기능인이 되겠다는 내 목표를 향해 겨우 한 발을 디디는 순간이었다. 아니, 이제 그것은 이미 나 혼자만의 목표가 아니라 우리 가족 모두의 목표였다.

좁은 빵집에서 하루종일 아내와 얼굴을 맞대고 살게 되자 이외의 복병이 나타났다. 금슬좋던 부부가 날마다 부부싸움을 하게 된 것이다. 빵을 만들 때만큼은 한 치의 실수도 용납하지 않는 내 불같은 성격 때문이었다. 우리는 빵집을 개업한 후부터 하루가 멀다 하고 싸움을 해댔다. 평생 사랑만 해줄 줄 알았던 남편이 걸핏하면 버럭 소리를 지르고 빵을 던져대니 아내의 배신감은 이루 말할 수가 없었을 것이다. 쉴 새 없이 밀려드는 일 속에서 대화를 나누지도 못한 채 쌓여만 가던 갈등은 1년여가 지나자 폭발 직전에 달했다. 그러나 우리는 함께 교회에 다니고 결혼기념일 여행도 챙기면서 서서히 제 궤도를 찾아갔다.

돈만 생기면 기계를 사들이고 집 식구들이 편안히 지내는 데는 눈곱만큼도 관심을 두지 않던 나 역시 한 사건을 계기로 가족의 소중함을 절감하게 됐다. 둘째 아이가 아궁이에 올려놓은 끓는 물에 빠져 화상을 입은 것이다. 몸의 반이 화상으로 심하게 상한 아이의 한쪽 귀는 녹아내렸다. 2차 감염이 일어나면 생명에 지장이 있을 수도 있다는 소리를 듣고 아내와 나는 세상이 무너져 내리는 것 같았다. 따뜻한 물이 나오는 욕실이 있는 집, 그것이 아내의 소박한 꿈이었는데 나는 늘 가게가 먼저였다. 하지만 빵도 좋지만 가족이 우선이었다. 다행히 둘째 아이는 어깨에 작은 흉터만을 남기며 완쾌됐고 귀도 새살이 돋으면서 제 모습을 찾았다.

1988년에 우리는 아파트를 장만해 이사했다. 그 전에는 우리 집이 기숙사이기도 해서 아이들과 직원들과 늘 섞여 잠을 자고 밥을 먹었는데 드디어 우리 가족만의 집을 마련하게 된 것이다. 앞만 보고 달리는 무심한 가장에서 나는 조금씩 일과 가정의 조화를 생각하는 아버지로 변해가고 있었다. 세계 최고의 제과 기능인이 되는 목표만큼이나 좋은 아버지, 좋은 남편이 되는 것도 중요했다.

|| 모두 다 진짜 가족 ||

살림이 안정되고 사업도 제 궤도에 올라서자 나는 아내에게 작은어머니와 고모를 꼭 찾아야겠다고 당부했다. 내게는 두 분 다 어머니 같은 존재였다. 이제 내가 두 분이 보여주신 사랑에 보답할 차례였다. 일전에 사촌 형을 만났던 덕택에 고모는 쉽게 찾을 수 있었다. 청천 형은 직장에 다니고 있었지만 둘째 광운이는 아직 학생이었고, 고모는 여전히 생선 장사를 하고 계셨다. 평생 호강 한 번 못 해보고 고생만 한 분이었다. 매달 용돈을 보내드리고 회갑연에는 예쁜 케이크도 만들어드렸다. 여전히 고생스러운 일을 마다하지 않는 고모에게 조금이나마 도움이 돼 드릴 수 있게 된 것이 얼마나 기쁘던지.

얼마지 않아 대전에 사시는 작은어머니도 수소문 끝에 만나게 됐다. 술도 끊고 누구보다 성실해지신 작은아버지가 건물마다 돌아다니며 양말이나 속옷을 팔아 기반을 잡고 돈을 불려 제법 자리를 잡으셨다는 소식이었다. 작은아버지는 처음 나를 보자 옛날 일 때문에 미안해서인지 고개를 들지 못하셨다. 상처를 많이 주신 분이지만 세월이 흐르고 보니 모두 지난 일들이었다. 아내는 작은어머니를 친어머니처럼 모시며 서울 구경도 시켜드리고 암으로 투병하실 때는 수발도 들어드렸다. 작은어머니가 끝내 암으로 세상을 떠나신 후에는 안쓰럽고 걱정되는 마음에 작은아버지께 더 정성을 들였다.

새아버지를 처음 만나던 날도 기억에 생생하다. 가슴 졸이며 남편 모르게 나를 만나던 어머니가 딱해, 이제 세월도 이렇게 지났는데 더 이상 숨길 게 뭐 있냐며 어머니를 설득해 왜관의 새아버지를 찾아 뵈었다. 결혼 전의 일이었다. 절을 한 뒤 '제가 누군지 아십니까' 했더니 새아버지는 고개를 끄덕이셨다. 어머니가 말은 안 했지만 이런 저런 눈치로 나의 존재를 알아채신 것이었다. 새아버지는 너그럽고 온화한 분이었다. 그 만남 이후로 나는 새아버지께도 아들 노릇을 했다. 왜관 아버지가 돌아가신 뒤 이내 어머니도 운명을 달리 하셨다. 심근경색 때문이었는데, 이모들 말로는 어머니가 나를 버리고 집을 나오신 뒤 떳떳하게 자식으로 품어보지도 못하고 살면서 가슴이 쪼그라든 것이라 했다.

광주에 살고 계시던 아버지도 수소문해 찾았다. 어려운 살림에도 멋내는 일에 공들이는 건 여전하셨다. 나를 만나신 뒤 용돈이 필요하거나 새 구두, 새 모자가 사고 싶으시면 서울의 나를 찾아오셨다. 돌아가신 뒤 엄청난 양의 양복과 모자, 구두가 줄줄이 유품으로 나왔다. 누군가 '남자 이멜다'라고 해 그 와중에 웃었던 기억이 있다. 새어머니도 나이 들어 다시 만나니 어릴 적의 섭섭했던 기억은 사라지고 모든 게 새롭게 이해되는 면이 있었다. 남편이 그렇게 가정을 돌보지 않는데 팍팍한 살림 속에서 전처소생인 내게 잘해주지 못한 건 어쩌면 너무 당연했다. 더구나 경제적으로 무능한 남편을 대신해 온갖 고생을 하며 동생들을 모두 대학 공부까지 시키신 것을 보고는 나는 감탄과 존경을 보냈다.

아버지가 돌아가신 뒤에도 나는 새어머니께 연락도 드리고 찾아뵙기도 하면서 뒤늦게 모자간의 정을 쌓고 있다. 때로는 죽이 맞아 돌아가신 아버지 흉도 보며.

아이들은 왜관에 있는 삼촌과 고모들, 광주와 서울에도 있는 삼촌과 고모, 아저씨 아줌마들 틈에서 누가 누군지 아직도 헷갈려 한다. 농담 삼아 "어느 쪽이 진짜냐"고 묻는 아이들의 질문에 나는 "모두 다 진짜 가족"이라고 대답한다.

내가 먼저 다가가 팔벌리고 안지 않으면 만날 수 없는 사람들이었다. 그렇게 그들은 나를 다시 만나면서 미안해 했다. 하지만 그때는 가족들이 서로 사랑하며 사는 가장 기본적인 것조차 힘들었던 시절이었다. 그들을 용서하고 품는 것은 바로 나 자신의 상처를 보듬어 안는 일이기도 했다.

나는 더 이상 외로워지지 않을 것이다. 그리고 가족이라는 그 귀한 인연을 다시는 망치지 않을 것이다. 우리 아이들에게는 손님이 발 디딜 틈 없이 꾸역꾸역 밀려드는 풍성한 명절을 안겨 주고 싶다.

어릴 적에 가족의 따뜻함을 체험하지 못하고 자란 나에게 내 가족은 눈물겹도록 소중한 존재들이다.

3

최고만이 살 길이다

천금과 바꾼 교훈

|| **배움 도둑질** ||

　　　　　　　　　앞에서도 설명했지만, 1970년대 초반에는 거의 모든 제과점들이 벽돌로 만든 연탄오븐을 사용했다. 한 시간이고 두 시간이고 그 옆에 붙어 서서 집게로 열심히 연탄재를 긁어내는 일은 여간 고된 일이 아니었다. 연탄가스 때문에 눈물이 질질 흐르고, 빨갛게 달아오른 불똥은 여지없이 종아리로 쏟아진다. 두툼한 군용 워커를 신어도 불똥 한두 개는 꼭 튀어 들어와 발목을 태우곤 했다. 지금도 내 발목 근처에는 불에 덴 자국이 수두룩하다.

　그러나 그 연탄오븐으로 구웠던 그때의 빵 맛을 나는 지금도 잊을 수 없다. 화로에 구운 초특급 수제 빵 맛을 지금의 전자오븐이 당해낼 수 있을까?

언젠가 내 힘으로 제과 박물관을 짓게 되면, 당시의 연탄오븐을 반드시 재현하고 싶다. 물론 그것으로 빵을 만드는 시연도 정기적으로 해볼 생각이다. 시연 방법을 교육시키려면 못해도 드럼통 하나 분량의 연탄가스를 들이마셔야 할 텐데, 그걸 배우겠다고 덤비는 사람이 있을지는 의문이다.

이렇듯 열악했던 작업 조건이 말해주듯 당시의 제과·제빵 분야는 저임금의 노동 집약적인 산업이었다. 지금처럼 시간에 맞춰서 온도를 조절할 수 있는 발효기나 꾸준한 온도를 유지해주는 오븐 따위가 있을 리 없다. 지금이야 저녁에 반죽해 발효기에 넣고 퇴근하면 아침에 곧장 빵을 구울 수 있지만, 당시에는 하룻밤에도 서너 번씩 일어나 발효 상태를 체크해야 했다.

제과 기술을 배운다는 것도 그리 호락호락한 일이 아니었다. 배우고 싶어도 가르쳐주는 사람이 없으니 말이다. 그야말로 어깨 너머로 도둑질 하듯 배워야 했다. 요즘은 요리책이나 인터넷에도 올라와 있는 흔한 배합비조차 당시에는 기술자들의 일급 노하우로 공개를 꺼렸다. 빵 종류별로 달걀이나 버터, 밀가루 따위를 넣는 비율을 가리키는 배합비조차 가르쳐주지 않는데서야 더 말할 나위가 뭐 있겠는가.

1977년에 P제과점에 입사했을 때, 나는 이제까지 어깨 너머로 배운 것도 모두 버리고 처음부터 다시 배우겠다는 각오였다. 그러나 아무리 시간이 지나도 반죽 섞는 일만 시킬 뿐, 그 안에 무슨 재료가 어떤 비율로 들어가는지는 아무도 가르쳐주지 않았다. 겨우 직접 배합을 할 수 있게 되었을 때, 나는 선임자에게 물었다.

"배합비가 어디 있습니까?"

"배합비? 그런 거 없는데?"

거짓말이었다. 모두들 자기 비밀수첩에 자기만의 배합비를 적어놓고 아무에게도 보여주지 않았다. 업무를 총괄하는 공장장은 배합비를 적은 노트를 열쇠 달린 서랍 속에 감춰두고 다니는 것이 당시의 문화였다.

도리가 없었다. 나는 오늘은 밀가루, 내일은 설탕, 그 다음날은 버터 넣는 양을 눈동냥해 기록했다. 경쟁업체도 아니고, 한 직장 안에서 꼭 스파이 짓 하듯 하는 내 꼴이 내가 봐도 한심했다. 나는 그렇게 기록한 배합비를 보란 듯이 반죽 테이블 위에 붙였다. 내가 배합비를 공개하자 무안해진 다른 직원들도 하나 둘 자기 배합비를 공개하기 시작했다.

업계의 아는 친구가 배합비를 물어도 결정적인 것은 빼놓고 가르쳐 주는 게 당시의 관행이었다. 지금 생각하면 정말 치졸한 노릇이지만, 당시 제과업계에서는 비일비재한 일이었.

군대 가기 전에 일했던 대구의 빵 공장에서도 바로 그 배합비를 둘러싼 해프닝이 있었다. 그곳에서 역시 배합비는 공장장만 아는 산업기밀이었다. 나는 틈틈이 곁눈질로 배합비를 훔쳐봤다. 계량스푼으로 재서 하는 것이 아니라 손대중과 눈대중으로 재료의 양을 결정하는 경우가 대부분이어서 비율을 훔쳐보기란 쉬운 일이 아니었다. 특히 베이킹파우더와 밀가루를 재빨리 섞을 때는 알아채기가 힘들었다.

그렇게 나 나름의 가늠이 이어지던 어느 날, 사장에게 불만을 품은 공장장이 무단결근을 하고 말았다. '내가 없으면 일이 되나 보자' 하는 심사였다. 빵을 낼 시간은 다가오는데 아무도 배합비를 모르니 발만 동동 구를 수밖에 없었다. 공장이 올스톱 됐다. '이게 아니다' 싶었던 나는 눈 도둑질로 훔쳐낸 배합비대로 빵을 만들기 시작했다. 식빵에서 케이크까지 공장장이 만든 것과 구별이 안 갈 정도로 똑같았다.

다음날 출근한 공장장은 진열대에 조금밖에 남아 있지 않은 빵을 보곤 의기양양해 했다. 자기가 자리를 비웠으니 빵을 못 구웠을 테고, 하루 장사를 완전히 공쳤으니 사장도 만만하게 나오지는 못할 거라고 생각했던 것이다. 그런데 빵을 굽지 못해 장사를 못한 것이 아니라, 내가 빵을 만들었고 그걸로 아무 탈 없이 영업을 할 수 있었다는 사실을 공장장은 곧 알게 됐다. 공장장은 공장을 발칵 뒤집어놓았다. 공장장이 나 몰라라 하고 자빠지면 밑의 직원들도 따라야 하는 게 당시의 업계 룰이었는데, 새파랗게 어린놈이 항명을 한 꼴이었다. 당연히 사건의 원인이 된 나는 몇 시간이나 주먹다짐을 당해야만 했다.

다음날, 시퍼렇게 부어오른 내 눈을 보고 사장은 심상치 않은 상황임을 직감했다. 별 일 아니라고, 퇴근길에 넘어진 것뿐이라고 변명했지만 통할 리가 없었다. 사장은 당장 공장장을 불렀고, 일도 열심히 안 하면서 직원이나 패는 공장장은 필요 없다며 당장 그만두라고 했다. 그렇게 해서 내가 21살의 나이에 공장장 자리에 오르게 된 것이었다.

하지만 앙심을 품은 공장장은 그것으로 끝내지 않고 계속 나를 괴롭혔다. 하루가 멀다고 찾아와 주먹질과 발길질을 하더니, 하루는 술을 먹고 친구들을 몰고 와서는 내 팔다리를 잡아 담뱃불로 지지기도 했다. 동료들은 이러다 죽겠다며 어떻게 해보라고 했지만, 결과적으로 나 때문에 실직한 공장장의 울분도 이해 못하는 바는 아니었다.

그러나 계속 이어지는 폭력에 참지 못한 나는 결국 몰려든 패거리 중에서 덩치가 가장 큰 놈을 골라 일어나지도 못할 정도로 흠씬 패주었고, '건드리면 죽는다, 어린놈이 독종이다'라는 소문이 돌았는지 그

후로 공장장은 나를 괴롭히지 않았다.

지금 생각해보면 삼류 영화에나 나옴직한 일이지만, 당시에는 그런 일이 흔했다. 조선인에게 기술 전수를 해주기 싫어했던 일본인 공장에서부터 제과 분야가 시작된 탓도 있는 것 같다. 공장장은 모든 정보를 독점하고 그 밑의 직원들은 말도 안 되는 지시에도 묵묵히 복종해야 했다. 지금처럼 학원에서 친절하게 가르쳐주는 선생님에게 배우는 세대들은 당시에 기술 하나 배우는 것이 얼마나 힘들었는지 납득이 가지 않을 것이다.

‖ 나눌수록 커지는 기술 ‖

내가 한 제과점의 공장장으로 들어간 뒤, 나는 이런 업계 관행을 바꾸기로 했다. 배합비를 모든 직원들이 다 보도록 공개하고, 몰라서 물으면 뭐든 꼼꼼하게 설명해주었다. 나 혼자 알고 있으면 내 할 일만 늘어날 뿐이다. 모두 다 같이 정보와 지식을 공유하면 작업 분담도 쉬워지고, 더 많은 아이디어가 나오기 때문에 결과적으로는 품질이 좋아지게 된다.

지금도 가끔 사람들이 찾지만 흔히 볼 수 없는 빵 중에 마들렌이 있다. 버터와 달걀이 풍부하게 들어가서 촉촉하고 씹지 않아도 입안에서 살살 녹는 과자다. 지금은 조개 모양이나 하트 모양 등으로 다양하게 만들지만 처음에 마들렌이 들어왔을 때는 큰 컵에 담아 구워냈다.

1980년대 초 한 제과 기술자가 일본에서 마들렌 만드는 법을 배워온 모양이다. 맛있다고 소문이 나니 다른 제과점들도 앞다퉈 만드는 법을 배워 구워내기 시작했다. 그런데 다른 곳에서 구운 마들렌은 영

맛이 나질 않았다. 자기 노하우가 새나갈까 염려한 기술자가 핵심적인 한두 가지는 빼놓고 가르쳤기 때문이다. 전국에서 단 한 집을 빼놓고 다른 곳에서 파는 마들렌은 모두 진짜가 아닌 부실한 맛이었다. 그렇다면 그 집 마들렌이 날개돋힌 듯 팔렸을까?

결론은 'No'였다. 한두 군데서 마들렌을 사 먹어봤는데 맛이 없자, 결국 소비자들은 점점 마들렌을 기피하게 됐고 나중엔 아예 찾지도 않게 됐다. 결과적으로 인기를 끌 수도 있었던 한 제품이 완전히 시장에서 매장됐다. 처음에 맛있게 구워냈던 그 집까지도 더 이상 마들렌을 굽지 않았다. 돈 들여 일본까지 가서 배워온 기술이 무용지물이 된 것이다.

남에게 가르칠 때는 정확하고 숨김없이 해야 한다. 자기만 정확하게 알고 있으면 득이 될 것 같지만, 결국 모두가 공멸하는 일이다. 슬프게도 기능인들이 이 점을 자꾸만 망각한다.

나는 1980년대 중반부터 일 년이면 서너 차례씩 해외 연수를 다녀왔다. 한 번 다녀오고 나면 새로 배운 지식과 정보로 노트 서너 권이 빼곡할 정도였다. 연수를 다녀오고 나면 나는 사람들을 불러 모아 가르치기 바빴다. 부산이건 대구건 연수 요청이 들어오면 노트를 한 보따리 싸들고 가서 남김없이 풀어댔다.

하루는 선배 한 분이 나에게 왜 자꾸 지방 기술자들에게 연수를 시켜주느냐며 나무랐다. "너는 돈 들여서 외국 가서 배워오는데, 앉아서 날름 받아먹기만 하는 사람들한테 뭐하러 가르쳐주느냐. 괜히 사람들 버릇 잘못 들이지 마라."

하지만 나는 생각이 달랐다. 제과 기술이 전자제품이나 반도체 같은 첨단 기술도 아니고 숨길 게 뭐 있는가? 먹는 것에 들어가는 노하우는 감춘다고 감춰지는 게 아니다. 웬만한 기술자라면 먹어보면 절반은 알아낼 수 있다. 엉터리로 만들어내면서 시행착오를 겪게 하느니, 처음부터 확실히 가르쳐줘서 노하우를 공유하는 게 낫다. 소비자들한테 제품으로 좋은 평가를 받으면 그만큼 많이 팔릴 테고, 그 노하우를 뛰어넘는 더 좋은 제품도 속속 나오게 마련이다.

하나를 가르치면 반드시 나도 하나를 배운다. 지금 당장은 아니더라도 언젠가는 멋지게 변모한 내 배합비가 다시 내게로 돌아온다. 남을 가르치는 것은 결국 나를 가르치는 일인 것이다.

재료들과 벌인 한판 씨름

‖ 공장장은 천 개의 눈을 가진 인드라 ‖

내가 아직 독립하기 전의 일이다. 오랜만에 업계의 지인들이 술 한 잔 하자며 불러냈다. 자정이 가까워지도록 우리는 즐겁게 먹고 마셨다. 그런데 계산을 할 무렵, 공장장으로 일하던 지인이 어디론가 전화를 거는 게 아닌가.

잠시 후 머리가 벗겨진 중년 남자가 술집에 도착했다. 아니나 다를까, 그 앞에서 굽실대던 중년 남자는 대뜸 술값을 계산하는 거였다. 아직 젊은 나이인데, 공장장이라는 직위를 이용해 그런 식으로 접대를 받는 것을 보니 마음이 불편해졌다. 나는 '다시는 이런 술자리에 나오지 않겠다'고 다짐했다.

지금은 찾아보기 힘든 일이지만 당시에는 공장장이 자기 위치를 이용해 일을 좌지우지하는 경우가 종종 있었다. 직원들은 공장장 눈 밖에 나지 않으려고 눈치보기 일쑤였고, 공장장에게 목줄을 대고 있는 재료상들 역시 이처럼 술집에 불려나가 술값을 대신 내주는 일도 감수하며 공장장의 환심을 사고 비위를 맞추기 위해 애쓰는 광경을 볼 수 있었다.

나는 이런 관행이 너무나 싫었다. 훨씬 저렴하고 좋은 재료들도 있는데 이런 대접을 받으면 재료의 질이나 가격에 상관없이 구매를 해줘야 하지 않는가? 일을 일로써 처리하지 않고 연줄이나 뒷거래에 끌려 처리하는 것은 결국 나의 발전에도 전혀 도움이 되지 않는 일이다. 그런 자세라면 어떻게 자신의 일에 철저해질 수 있겠는가? 결코 치열해질 수 없는 것이다.

월급 받고 일하는 곳이니 대충 일하고 챙길 것 챙기면 된다고 생각하는 단순한 논리에 맛을 들인다면 결국 소중한 것을 놓치게 마련이다. 남의 가게를 운영해보는 일도 자기 가게를 경영하기 위한 귀중한 수업이라고 생각한다면, 결코 그런 식으로 일을 할 수는 없을 텐데 말이다.

그후 어느 제과점 공장장으로 들어간 후, 나는 꼬박 3일 동안 '창고 대정리'에 나섰다. 지금도 그렇지만 일반적으로 제과점 공장장으로 처음 가게 되면 가장 먼저 하는 일이 창고 정리였다. 나는 창고 상태를 파악하기 전까지는 당분간 물건을 받을 수 없다며 재료상들을 돌려보냈다. 그러고는 마스크를 쓰고 창고 안의 물품을 탈탈 털어냈다. 뜯지도 않은 박스들이 잔뜩 쌓여 있었다. 품목별로 정리도 돼 있지 않고 되는 대로 쌓아두거나 아무렇게나 방치해둬 못 쓰게 된 것들도 많았다.

나는 직원들과 같이 유통기한이 지나거나 심하게 손상된 것은 버리고 나머지는 잘 정리해 곧바로 사용하기 시작했다. 창고에 쌓여있는 재료를 다 쓰는 데만도 꽤 많은 시일이 걸렸다.

내가 이렇게 틈을 안 주자 재료상들도 긴장을 했는지 처음부터 내게 쉽게 굴지 못했다. 커피 한 잔 하자는 데도 무 자르듯 잘라버리니 다들 기가 질렸을 것이다.

재료상들만이 아니었다. 직원들도 내가 시시콜콜 잔소리를 해대니 귀 깨나 간지러웠을 것이다. 처음 일주일은 직원들이 어떻게 일하는지 그냥 지켜보기만 했는데, 정말이지 재료 아까운줄 몰랐다. 계란 노른

자를 쓰고는 흰자는 버리고, 빵을 만드는 데도 정성을 들이지 않고 대충 대충 만들었다.

일주일간의 관찰이 끝난 후부터 불호령이 시작됐다. 남은 계란 흰자는 모두 모아두었다가 다른 제품에 활용하게 하고, 설탕물도 냉장고 안에 보관해두었다가 팥 앙금을 만들 때 다시 쓰게 했다. 혹시라도 계란이나 설탕물을 버리는 모습이 눈에 띄면 혼을 낼 테니 각오하라고 겁을 주었다.

시간이 지나자 직원들 스스로 절약하는 모습을 보이기 시작했다. 시럽을 만들 때면 남아있는 설탕물을 가늠해서 양을 조절하고, 계란 흰자로 만들 수 있는 새로운 제품도 고안해냈다. 서서히 직원들에게도 재료 관리, 원가 절감에 대한 개념이 서는 것 같았다.

3개월쯤 지나니 사장이 나를 불렀다.

"아무래도 이상한데? 김 공장장이 온 이후로 매출은 늘었는데 재료는 절반도 안 들어가니 무슨 마술이라도 부렸나?"

나는 그건 아니고, 창고 정리를 해서 남은 재료를 사용했다고 했다.

제과·제빵을 배우는 사람들이라면 공장장이 되고 자기만의 빵집을 열고 싶은 게 당연하다. 그러나 그저 빵만 잘 만든다고 좋은 공장장이 되는 것은 아니다. 공장장은 현장의 상황을 감독하고 재료에서부터 빵의 품질, 신제품 개발, 직원 배치와 교육, 관리까지 모두 책임져야 한다. 공장 문을 여는 순간, 직원들의 복장부터 일의 진행 상황, 오븐에서 구워지는 빵의 모양까지 한눈에 파악하는 눈! 천 개의 눈을 가졌다는 인드라처럼, 보이지 않는 곳까지 볼 줄 아는 눈이 있어야 한다.

더 좋은 재료는 없을까?

좋은 빵을 만들려면 좋은 재료를 쓰는 길밖에 없다. 과거에는 제과점들도 무조건 싼 재료만 찾았지만 지금은 분위기가 많이 달라졌다. 기능인들이 좋은 재료에 눈을 뜨고, 소비자들도 건강과 맛을 더 우선시해 비싸더라도 좋은 재료를 쓴 빵에 더 높은 점수를 주고 있기 때문이다.

생크림 케이크가 유행하던 초기에, 진짜 생크림 가격이 너무 비싸니까 식용기름을 써서 만든 생크림을 쓰는 집들이 아주 많았다. 가격도 싸지만 다루기도 좋고 보존도 잘 되는 게 그 생크림의 장점이었다. 하지만 요즘 같은 때 그런 걸 썼다가는 문 닫기 십상이다. 진짜 생크림 맛을 본 사람들이 단번에 그 차이를 알아차리기 때문이다.

어느 날 공장엘 가보니 너트류가 많이 쌓여 있었다. 어떻게 된 거냐고 물으니, 재료상에서 유통기한이 얼마 남지 않은 너트류를 저렴한 가격에 내놓았기에 대량 구매를 했다는 것이었다. 품질에 별 이상이 없고 가격도 싸고, 또 우리 가게라면 그 정도 양을 유통기한 내에 다 소비할 수 있겠다 싶어 받았다는 것이다.

나는 그 길로 제품을 모두 반품시켰다. 행여 유통기한 내에 다 소비하지 못해 변질된다면, 고객에게 무슨 누를 끼칠지 모른다. 고객이 잘못되면 우리도 망한다. 경제적 이익을 생각해주는 직원들도 고맙지만, 그것보다 우선 돼야 할 것은 신선도, 고객의 건강과 기쁨이다. 나는 직원의 감정이 상하지 않도록 알아듣게 설명한 후 너트류를 몽땅 반품시켰다.

여러 너트 중에서도 호두는 빵과 아주 잘 어울리는 재료다. 하지만 시중에서 파는 호두는 중국산이 많이 섞여 믿을 수가 없었다. 그래서 우리는 충북 영동의 한 호두 재배업자를 찾아 신선한 국산 호두를 공급받고 있었다.

그런데 어느 날 호두 맛을 보는데 이상했다. 신선한 국산 호두라면 당연히 껍질을 까자마자 군침이 돌 정도로 고소한 향이 나야 하는데 기름에 전 냄새가 나는 것이었다.

나는 당장 영동으로 달려갔다. 불시에 달려가 창고를 열어보니, 중국산 호두가 창고에 수두룩하게 쌓여 있었다. 국내산이라고 판매하면서 중국산을 섞어 공급했던 것이다. 먹는 것 가지고 사기 치는 사람들에게 느낀 배신감이 이만저만이 아니었다. 나는 즉시 그 업자와 거래를 끊었다. 그리고 믿지도 못할 국산을 고집하느니 중국산보다 한 수 위인 미국산이 낫겠다 싶어, 그때부터 캘리포니아 산 호두를 쓰고 있다.

요즘은 제주의 유기농 밀 재배업자와 우리밀 공급에 대해 의논을 하고 있다. 우리밀을 사다가 반죽하기 직전에 바로 빻아서 쓸 수 있다면 얼마나 맛있겠는가. 우리밀은 농약을 치지 않아 껍질을 벗길 필요도 없고 빵을 만들어도 노린내가 안 나고 구수하다. 우리 빵의 역사도 100년을 넘은 만큼 찹쌀, 멥쌀, 우리밀 같은 재료를 활용한 제품이 많이 나올 때가 됐다.

나는 여전히 다른 일은 책임자에게 전담시켜도 재료만큼은 무식하리만큼 세세하게 관여한다. 팥 하나도 주문 생산 식으로 국산 팥을 들여다 쓰고 있고, 초콜릿은 세계적인 메이커로 다른 제품보다 4~5배는 비싼 발로나 제품을 쓰고 있다.

재료에 들어가는 비용을 30퍼센트만 낮춰도 회사의 이익은 비약적으로 늘어날 것이다. 하지만 마진이 적더라도 내 고집만은 꺾을 수 없다. 좋은 제품을 만드는 일이 내게는 훨씬 중요한 일이기 때문이다.

한국 제과업계의 대부인 김충복 선생이 살아계실 때, 어느 잡지와의 인터뷰에서 김충복 빵집의 빵이 비싸지 않느냐는 기자의 질문에 이렇게 답한 적이 있다. "우리 제과점의 제품은 결코 비싸지 않습니다. 다만 고가(高價)일 뿐입니다."

세월이 흐를수록 이 말이 가슴에 와 닿는다. 김충복 선생도 좋은 재료와 저렴한 제품 사이에서 고민을 하셨을 것이다. 그리고 최종적인 선택은 좋은 제품일 수밖에 없었을 것이다. 그것이 우리의 소명이기 때문이다.

최고가 아니면 하지 않는다

|| **기계 욕심은 참기 어려워** ||

1986년에 나는 또 큰일을 저질렀다. 그해 여름에 우리 가게 공장에 네덜란드에서 들여온 급속 냉동고와 스웨덴 산 오븐, 이탈리아의 아이스크림 기계를 들여놓은 것이다. 기계 가격은 운송비를 포함해 1억 2천만 원. 당시 가치로는 웬만한 아파트 세 채 값이었다.

아내는 입을 다물지 못했다. 이제 겨우 빚을 갚고 우리 가족만의 아파트로 이사할 꿈에 부풀어 있던 참이었다. 집 사려고 모아둔 돈을 홀랑 기계에 퍼부었으니, 또 몇 년을 기다려야 한단 말인가?

주변에서도 내 무모함에 대해 말들이 많았다. 작은 윈도 베이커리에서 시설에 무슨 투자를 그렇게 많이 하느냐는 것이었다. 기존 기계들로도 충분히 제품을 만들 수 있는데, 큰 제과점들도 감히 엄두도 못 내는 일을 왜 하느냐며 타박이 많았다.

하지만 기능인이라면 누구나 좋은 도구나 기계에 끌리게 마련이다. 일식 조리사는 최고의 회를 뜨기 위해 사시미 칼 하나에 기천만 원씩 투자한다. 목수들도 절단기며 대패기며 샌딩기에 이르기까지 1년이 멀다하고 수천만 원어치의 기계를 갈아 치운다. 이유는 아주 단순하다. 그들이 더 맛있는 회, 더 정교하고 훌륭한 건축물을 만들고 싶어 하듯, 나 역시 더 좋은 빵을 만들고 싶기 때문이다.

내 기계에 대한 욕심은 자타가 공인할 만큼 대단하다. 그러나 설비에 투자한 만큼 정직하게 빵 맛으로 보답해주는데야 누가 당할 수 있을까?

연장이 좋으면 좋은 결과물이 나오게 마련이다. 당연한 이치다. 예전에 보일러를 이용해 수동으로 온도를 조절하며 발효시키던 빵과 발효기 안에서 정확히 발효시킨 빵은 맛도 모양도 다르다. 사람의 정성을 따라잡을 순 없겠지만, 정확성에서는 기계가 한 수 위다.

또 기계가 작동하는 방식에 따라서도 빵 맛은 달라진다. 연탄 오븐에서 구워낸 빵이 맛있었던 이유는 연탄에 든 탄소 성분이 빵의 수분을 날려 더 바싹 구워주기 때문이었다. 내가 큰맘 먹고 들여온 스웨덴 오븐은 당시로선 국내에서 찾아볼 수 없었던 회전식 전자 오븐이었다. 가스 오븐으로 굽는 빵도 맛있지만, 열을 골고루 전달해주어 빵 전체가 밝은 갈색을 띠게 예술적으로 구워내는 전자 오븐을 당할 수 없다.

급속 냉동고 역시 당시로서는 획기적인 제품이었다. 스위치만 올리면 5분 내에 영하 10도 이하 상태로 만들어주는 기계다. 그 정도라면 수분 손실 없이 재료를 신선하게 장기 보관할 수 있다.

아이스크림 기계에는 사연이 많다. 이탈리아에 아이스크림 만드는 법을 배우러 간 적이 있었다. 로마, 밀라노, 피렌체, 나폴리 등 주요 도시를 10일 동안 순회하는 빡빡한 스케줄이었다. 그 와중에 나는 로마에서 '젤라떼리아 K2'라는 가게를 만났다. 노상으로 나 있는 카운터 하나를 둔 작은 가게 앞은 연일 아이스크림을 사려는 관광객들로 북적댔다. 한 시간을 넘게 기다려 콘 하나를 맛보았는데 역시 소문만큼이나 맛이 기가 막혔다.

아이스크림을 만들어내는 시스템은 맛보다 더 기막혔다. 스테인리스 스틸로 된 아이스크림 제조기는 재료만 넣으면 휘핑에서 냉각까지 즉석에서 다 끝냈다. 한 시간이면 아이스크림은 물론 셔벗이나 요구르트까지 5~6킬로그램씩 만들어내는 놀라운 기계였다.

그 가게에 홀딱 반한 나는 가이드를 데리고 다시 그곳을 찾았다. 그리고 한국에서 온 제과 기술자인데 아이스크림 만드는 법을 배울 수 있느냐고 물었다. 단박에 거절이었다. 나는 포기하지 않고 주인을 졸졸 쫓아다녔다. 주인은 아무리 기술을 배워도 좋은 기계가 없으면 무용지물이라고 혀를 끌끌 찼다. 그 말을 들은 나는 기계를 사겠다고 호언했다. 주인은 콧방귀를 뀌며 믿지 않았지만, 나는 곧바로 기계 회사로 달려갔다. "한국에서 아이스크림 소비가 점점 늘고 있고 곧 고급 아이스크림을 찾는 시대가 올 것이다. 기계를 살 테니 제발 더도 말고 덜도 말고 딱 하루만 가게에서 일을 좀 배우게 해달라." 나는 담당자에게 통사정을 했다.

결국 기계 회사에서 다리를 놔줘 가게의 승낙을 받아내고야 말았다. 나는 K2 가게에서 점원들이랑 똑같이 유니폼을 입고 기계 다루는 요령과 아이스크림 제조 기초를 배웠다. 이런 내 모습에 감동을 받은 기계 회사는 후일 K2 가게에서 가르쳐주지 않은 레시피까지 팩스로 보내주었다. 결국 아이스크림 제조기와 쇼 케이스를 구입해 들여오는 데 3천만 원이 넘게 들었다.

속상해하는 아내나 "왜 아무도 하지 않는 일을 하느냐"고 타박하는 사람들에게 내가 한 대답은 늘 같았다. "남들이 다 할 때 시작하면 늦는다. 고객이 찾을 때 시작해도 늦는다. 무엇이든 한 발 앞서 시작해야 한다."

하지만 결과적으로 아이스크림 기계는 당분간 제 구실을 하지 못했다. 레시피는 있었지만, 거기 들어갈 재료를 구할 수가 없었던 것이다. 국내에 있는 재료로는 K2가 뽐내는 그 맛을 구현할 수가 없었다. 사장인 내게 아이스크림에 대한 개념이 제대로 서 있지 않았던 것도 문제였다. 지금이야 웰빙이니 퓨전이니 해서 다양한 메뉴가 환영받지만, 그 시절에 조그만 동네 빵집에서 천연 아이스크림이나 고급 과일 아이스크림이 팔릴 리 없었다.

재밌게도 그 기계는 1990년대 후반쯤에야 유용하게 됐다. 1986년도에 3천만 원을 주고 산 것이 지금도 3천만 원이니, 엄청나게 손해 보는 장사를 한 셈이다. 그렇지만 후회는 없다. 친구나 선배들이 조언했듯 그만한 돈으로 부동산이나 사뒀으면 지금쯤 재미를 봤을지도 모른다. 하지만 손으로는 돈을 만져도 머릿속에서는 그 기계에 대한 미련이 계속 남았을 텐데, 내가 제대로 맘 편하게 빵 만드는 일을 할 수 있었을까? 그런 삶은 내가 진정으로 원하는 삶이 아니다. 내게 진짜 삶은 더 맛있는 빵을 만들기 위해 하루하루 분투하는 것이다.

기계에 대한 욕심은 그 후로도 쭉 계속되고 있다. 나는 국내 윈도 베이커리 중에서 우리 집 만큼 시설이 잘 돼 있는 곳도 없을 거라고 장담한다. 기계는 물론, 빵 굽는 틀이나 팬, 저울, 주걱, 칼 같은 도구도 최고만 고집한다. 나는 여전히 매년 독일 이바쇼 전시회, 유럽 빵 전시회, 일본 모박 쇼 같은 국제 제과 박람회는 어디든 쫓아다니면서 더 좋은 도구나 기계가 나왔는지 체크한다. 최고의 사무라이가 최고의 검을 갖듯이, 훌륭한 제과 기능인은 최고의 도구를 사용할 권리가 있다.

‖ 내 눈을 뜨게 해준 곤잘레스 씨 ‖

곤잘레스 씨는 1970년대 초반 한국을 방문해 주요 도시를 돌며 빵 기술을 전수해준 미국인 빵 박사다. 그는 거의 불모지나 다름없었던 한국 제과산업에 뛰어들어 아주 짧은 기간 동안 눈부신 변화를 만들어준 빵 분야의 개척 선교사나 다름없다.

당시 대구에서 일하고 있던 나는 설레는 심정으로 그의 방문을 기다리고 있었다. 이제 겨우 반죽을 치는 제과 초년생이 세계에서도 몇 손가락 안에 드는 장인을 며칠 동안 옆에서 보조하게 되다니. 18살의 내게는 엄청난 행운이었다.

내게 맡겨진 일은 세미나 장소를 따라다니며 옆에서 반죽을 치는 것이었다. 물론 곤잘레스 씨에게 합격점수를 받아야 가능한 일이었다. 다행히 첫날 그 분 눈에 들었는지, 3일 내내 곁을 지킬 수 있었다.

"귀엽게 생긴 녀석이 일도 잘 하는구나. 너는 참 빵을 잘 만들 것 같다."

기분 좋은 칭찬을 해주곤 하던 곤잘레스 씨는 장난도 잘 쳤다. 한참 반죽을 치고 있으면 옆에 다가와 반죽을 조금 뜯어 내 코에 붙이곤 도망을 간다. 계란 거품을 내다가 내 얼굴에 묻혀놓고 좋아서 히죽거리기도 하고, 열심히 일하는 나를 불러 대뜸 거울을 보라고도 한다. 그러면 언제 붙였는지 잔뜩 부푼 빵 반죽이 머리 위에 얹혀져 있었다.

그는 빵을 만들 때면 늘 웃으면서 콧노래를 부르며 신나고 즐겁게 일했다. 하지만 일에서 만큼은 지독하리만큼 철저한 사람이기도 했다.

나는 그가 일하는 모습을 지켜보다 깜짝 놀랐다. 섞고 있던 반죽을 살살 뒤적이더니 한 덩어리를 뜯어 입으로 가져가는 것이 아닌가. 곤잘레스 씨는 간을 보고 있었던 것이다. 간을 맞추기 위해 날반죽을 먹는 건 그 전까지 본 적도 상상해본 적도 없었다. 그뿐이 아니었다. 그는 재료를 펼쳐 놓으면서도 하나하나 맛을 봤다. 밀가루를 맛보고, 이스트를 맛보고, 설탕의 당도도 미리 체크했다. 그렇게 재료의 맛을 모두 점검한 후에 배합비를 수정하는 단계를 꼭 거쳤다. 나라마다 재료가 다르니 배합도 달라야 한다는 걸 알고 있었던 것이다.

그날부터 나 역시 재료와 반죽 맛을 보는 연습을 했다. 반죽은 입에 넣으면 정말 이루 말할 수 없을 정도로 느끼했다. 그걸 매일 먹으며 맛을 분석하다니 대단한 분이 아닐 수 없다고 다시 한 번 감탄했다.

그 밖에도 나는 곤잘레스 씨를 통해 많은 것을 배울 수 있었다. 당시 우리의 빵 만들기는 감과 손맛에 의존하는 경우가 대부분이었다. 반죽을 언제까지 쳐야 하는지, 반죽의 온도는 어떻게 맞춰야 하는지, 설탕을 어느 정도 넣어야 하는지, 아무도 가르쳐주지도 않아 아리송한 문제가 한두 가지가 아니었다. 순전히 만드는 내 감각에 의존할 뿐 도리가 없었다.

그러나 곤잘레스 씨는 그렇게 하지 않았다. 반죽을 할 때도 온도계를 넣어 정확히 측정했다. 반죽을 하다 보면 마찰열이 발생하는데, 그는 처음부터 열 발생을 염두에 두고 반죽 시간을 정확히 맞췄다. 온도가 높아지면 발효는 빨라지지만 빵 맛이 떨어진다는 걸 염두에 둔 행동이었다. 또한 그는 일단 배합비를 정하고 나면 티스푼 단위, 밀리그램 단위까지 지독할 정도로 정확하게 재료를 측정했다. 그렇게 정확성이 높으니 그가 구워내는 빵과 과자는 맛과 풍미가 늘 한결같을 수 있었던 것이다.

단 3일간의 일정이었지만 그분과의 만남은 내 무의식에 깊게 자리 잡아 훗날 내 제과 인생에 변화를 가져온 결정적인 계기가 돼 주었다.

가난한 빵 장수의 해외 연수

제대 후 두 달이나 기다려 P제과점 말단으로 들어간 배짱은 어디서 나왔을까. 제아무리 공장장 가운을 입고 나 혼자 잘났다고 설쳐봐야 발전은 있을 수 없다. 뭐든 배워야 했다. 훌륭한 장인들을 찾아서 그들의 모습을 지켜보며 새로운 기술과 작업 방식을 끊임없이 배워야 했다.

국내 기술을 손에 익혔을 즈음부터 나는 해외 연수에 대한 욕심이 일었다. 당시에는 해외 여행 자체가 쉬운 것이 아니어서, 나가봤자 일본이 고작이었다. 하지만 나는 제과협회를 비롯한 주변 지인들에게 연수의 중요성을 설득하며 함께 가자고 권유했다.

처음 기회가 온 건 보리수 제과점에 있었던 1979년이었다. 당시 신혼살림 중이던 우리 부부가 버스 토큰 한 개, 연탄 한 장까지 아끼며 살던 시절이었다. 나는 제과점에서 주는 김치찌개만으로, 아내는 친정에서 보내준 된장으로 버티던 세월이었다. 하지만 누가 뭐래도 연수는 가야 했다.

첫 목적지는 프랑스였다. 사람들은 일본이면 족하지 않느냐고 했지만, 나는 이제 우리도 아시아라는 틀을 깨고 유럽을 배워야 한다며 적극 프랑스 행을 고집했다. 그것을 시작으로 매년 한 차례씩 연수 여행이 기획됐다. 독일, 벨기에, 스위스, 덴마크 등을 돌고, 필요하면 두세 번씩 재방문을 했다. 또 1982년에 개업을 한 이후로는 일 년에 두 번씩 나가는 경우가 많아졌다.

초기에는 일정을 잡는 데 어려움이 많았다. 좋은 제과점을 섭외해서 연수를 부탁하면 어디에 붙었는지도 모르는 후진국에서 온 사람들이라고 홀대도 받았다. 그래도 매년 뻔질나게 오가다 보니 유럽 쪽에서도 한국인 연수단에 대해 소문이 나고, 점점 좋은 제과점을 방문할 수 있는 길이 열리기 시작했다.

연수 여행은 1985년이 절정이었다. 그 해에는 일정을 한 달로 잡아 이탈리아, 프랑스, 독일, 스위스, 벨기에, 오스트리아 등 6개국의 20여 개 도시를 꼼꼼하게 돌아봤다.

하지만 무엇보다 제일 답답한 건 통역이었다. 현지 유학생을 통역자로 고용했지만, 제과 쪽 전문용어를 모르니 속도도 더디고, 말허리를 뚝뚝 잘라먹는 느낌이었다. 언어만 알면 한 번 방문에 100만 원어치를 얻어갈 텐데 10만 원어치밖에 못 챙기고 오는 심정이었다. 공식적인 이야기만 형식적으로 전달받는 게 아니라 미묘한 표현을 알아들어야 진짜 공부인데…. 연수를 통해 선진국의 좋은 기술을 배우려면 외국어 능력도 중요하다는 걸 깨닫게 되었다. 훗날 빵을 하겠다는 둘째에게 유학을 권유한 것도 이런 이유에서였다.

워낙에 경험이 없는 상황이라 시행착오도 많았다. 당시 연수단에 참가한 사람들은 나와 비슷하게 윈도 베이커리를 운영하는 사람들이 대부분이었다. 커봤자 20평, 대부분 10평 미만의 가게를 운영하는 자영업자들이었다. 그런데 기껏 섭외해서 가보니 규모가 300여 평이 넘는 어마어마한 양산 빵 공장이었던 경우도 있었다. 우리야 10평이든 20평이든 빵 가게는 무조건 공장이라 부르니, 프랑스의 공장도 그 정도 규모일 줄만 알았다. 일부 사람들은 이렇게 큰 공장을 견학하는 게 우리한테 뭐 도움이 되느냐며 화를 내기도 했다. 그때 누군가가 말했다. "프랑스는 주식이 빵이니 우리한테는 빵 공장이라도 여기에서는 밥 공장이잖아. 밥 공장이 큰 걸 어쩔 거야? 우리나라도 도시락 공장들은 어마어마하게 클 걸!"

결국 와르르 웃고 화를 풀었다. 그 사건 이후로 되도록 양산 공장은 피하고 우리와 비슷한 작은 규모의 오래된 베이커리 쪽으로 대상을 좁혔다.

나는 뭐든 놓치지 않으려고 애썼다. 궁금한 게 많으니 질문도 많았다. 통역을 끼고 주인과 이야기를 나누며 시간을 끄는 나를 기다리느라 일행들이 고생하기도 했다. 가게 한 곳을 들르면 보통 20여 종의 빵을 사다 호텔방 침대 위에 펼쳐놓고 하나씩 사진을 찍었다. 그리고 맛을 보고 분석해서 노트에 빼곡히 기록했다. 맛을 봐도 배합을 잘 모르겠는 빵은 냉동 보관해뒀다가 한국에 가져왔다. 사정이 그렇다 보니 내 여행 가방은 늘 빵으로 가득했다. 사람들은 "요즘도 해외 연수 가면 마누라 선물 하나 안 챙기고 빵만 사오냐"며 놀린다.

독일에서 있었던 일이다. 슈거볼이라는 쿠키를 만드는 과정을 연수받고 있을 때였다. 기술자는 오십이 넘은 베테랑으로 슈거볼 하나로 20여 년 동안 엄청난 사랑을 받아온 사람이었다. 동그란 쿠키가 구워져 나오자, 기술자는 슈거파우더 더미에 쿠키를 푹 담갔다. 김이 모락모락 나는 막 구운 쿠키니 당연히 슈거파우더가 잔뜩 달라붙을 게 아닌가. 쿠키가 식어 굳으면서 슈거파우더가 잔뜩 묻자 마치 작은 솜사탕처럼 보였다.

누군가가 질문을 던졌다. "그렇게 슈거파우더를 잔뜩 묻히면 달아서 어떻게 먹습니까?" 그러자 기술자가 버럭 화를 냈다. 20년 베테랑 슈거볼 전문가에 대한 모욕이라 받아들인 모양이다. "달아야 과자지, 달지 않으면 그게 과자입니까?" 기술자는 핏대를 세우며 화를 냈고, 분위기는 험악해졌다.

연수를 끝내고 돌아오는 버스 안에서 다들 질문한 사람을 타박하기 시작했다. 기술자에게 쓸데없는 질문을 해서 화가 나게 만들었다는 것이었다. 가만히 듣고 있던 내가 한 마디를 던졌다.

"아니! 잘한 질문이야. 그 질문을 안 했으면 달지 않은 건 과자가 아니라는 걸 어디서 배웠겠어?"

비슷한 사건은 스위스에서도 일어났다. 바게트로 명성을 날리는 60대 노인이 운영하는 빵 가게에서였다. 그 집 바게트는 특이하게 끝부분이 까맣게 타서 두세 갈래로 쩍쩍 갈라져 있었다. 신나게 빵을 썰고 있는 그에게, 누군가가 질문을 던졌다.

"빵을 왜 이렇게 태웠습니까? 한국에서는 그렇게 태운 빵은 암 걸린다고 아무도 안 사먹습니다."

노인은 빵을 썰다 말고 칼을 탁 던지며 화난 목소리로 소리쳤다. "그러면 우리 유럽 사람들은 다 암에 걸려서 죽었겠네!" 그러더니 바게트 빵을 하나 집어 까맣게 탄 부분을 가리키면서 덧붙였다. "바게트 빵은 겉이 이렇게 탈 정도로 구워야 제 맛이 나고 소화가 잘 됩니다. 빵은 껍질 맛으로 먹는 법이에요!"

역시 돌아오는 길에 질문을 던진 사람이 타박을 받았다. 이번에도 나는 잊지 않고 한 마디 던졌다. "뭘 그래? 잠깐 미안하긴 해도 덕분에 바게트 빵이 그 정도로 타야 맛있다는 걸 알았잖아. 모르는 걸 배웠으니 오히려 고마워해야지."

서울에 돌아온 나는 배운 것을 곧바로 써먹었다. 한국 사람들은 대체로 단 것을 싫어하지만, 역시 과자는 달아야 했다. 달지 않은 과자엔 손님들의 손이 잘 가지 않았다. 또 바게트나 크루아상도, 그 스위스 노인 말대로 실험을 해보니 조금 짙게 구운 쪽이 맛이 훨씬 좋았다. 손님들이 탄 거 아니냐고 물으면 나는 "그렇게 익혀야 더 맛있습니다. 드셔보세요" 하고 열심히 설득했다.

나는 연수를 통해 얻은 새로운 기술은 그곳에서 직접 도구까지 사와 반드시 내 것으로 만들었다. 똑같은 도구를 이미 갖고 있었더라도 생각지 못했던 두서너 가지 용도를 배워오는 경우도 많았다. 도구 활용도가 늘어나면 반드시 새로운 제품에 대한 아이디어가 한두 개씩 더 나왔다.

연수를 통해 배워온 레시피도 엄청난 소득이었다. 처음에는 원조 레시피니 그대로 하면 맛있겠지 싶었다. 하지만 머지않아 그대로 만들어선 100퍼센트 실패라는 걸 깨달았다. 버터가 다르고 설탕이 다르기 때문에 제품마다 재료를 조금씩 가감해야 했다. 나는 들여온 레시피를 조금씩 우리 실정에 맞게 고치기 시작했다. 어떤 레시피든 반드시 실험을 해서 최고의 배합을 찾아내고 시식을 통한 의견 수렴 과정도 거쳤다. 그렇게 해야 정말로 좋은 평가를 받아 오래 팔리는 제품이 만들어지는 것이다.

나는 지금도 연수를 빼먹지 않는다. "그만큼 했는데 또 배울 게 있겠느냐"고 하지만 그렇지가 않다. 해가 바뀌기 무섭게 발전을 거듭하는 첨단 과학은 침이 꼴깍 넘어갈 만큼 탐이 나는 멋진 기계들을 계속 생산해낸다. 제과 박람회가 열릴 때마다 더 편리하고 더 정확한 손질을 도와주는 기계와 도구들이 쏟아지고 있다.

그리고 가장 중요한 배움은, 연수를 통해 만나는 고령의 제과 장인들의 모습이다. 마치 오래 발효시켜 구워낸 빵을 보는 것처럼, 그들의 말과 행동은 짙은 갈색 빛으로 익어 있다. 온 가족이 하나가 되어 부인과 딸은 빵을 팔고, 아들과 아버지는 열심히 만들고, 몇 대씩 대를 물려서 이어온 빵집들…. 벽에 걸린 사진을 가리키며, 이분이 바로 이 가

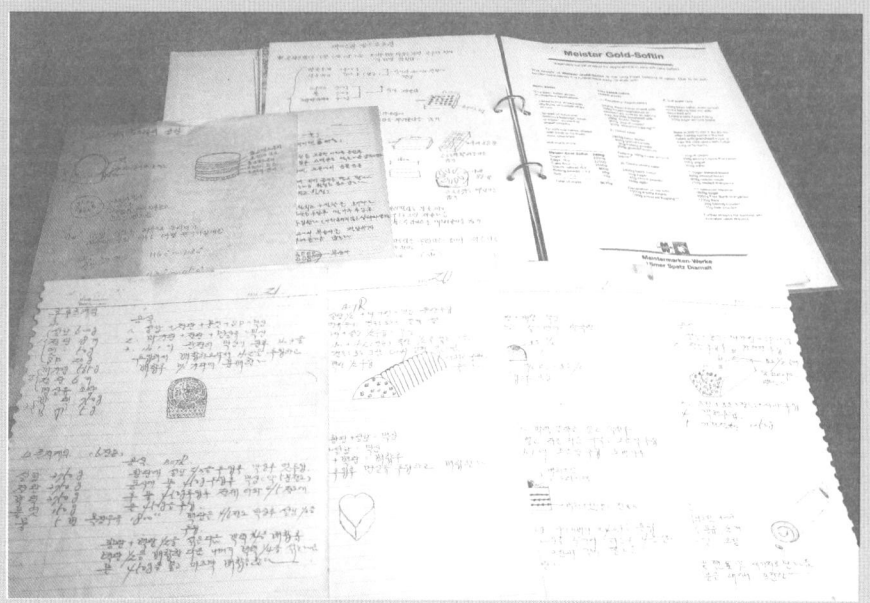

해외 연수 때마다 노트에 빼곡히 담겨오는 소중한 지식은 나를 이끌어주는 견인차이자 큰 자극이기도 했다. 그리고 나는 이 노트에 적힌 노하우를 누구와도 흔쾌히 나누려 했다. 아래 사진은 프랑스, 독일, 이탈리아, 일본 등에서 받은 제과 연수 수료증과 메달들.

게를 만드신 우리 증조할아버지라며 자랑스럽게 얘기하는 그 모습.

이런 모습을 보면서 내 꿈도 자랐다. 언젠가는 아들과 함께 나란히 가운을 입고 빵을 만드는 날이 오기를. 그리고 그 꿈은 서서히 현실이 돼가고 있다.

연수를 할 때마다 나는 장인들에게 늘 똑같은 질문을 한다. "당신은 어떤 마음으로 빵을 만드십니까?"

그들의 대답은 표현이 조금씩 달랐지만, 한결같았다. 바게트를 까맣게 태워 구워내는 스위스의 노인은 이렇게 대답했다.

"이 빵 먹고 힘내소서!"

손맛인가, 과학인가

|| **작은 데이터의 중요성** || 음식에는 손맛이라는 게 있다. 우리 어머니들은 나물 하나 무칠 때도 주저 없이 맨손에 양념을 묻히셨다. 포기김치를 손으로 쭉쭉 찢어 내 입에 넣어주셨던 작은어머니의 손맛은 지금도 잊을 수가 없다.

빵 역시 손맛이라는 비결을 비껴갈 수 없다. 똑같은 배합비를 주어도 이상하게 직원마다 만들어내는 빵 맛이 다르다. 똑같이 10분을 반죽하고 한 시간을 발효시켜도, 오븐에서 구워져 나오는 결과물은 맛과 빛깔이 각각 다르다.

내가 해도 마찬가지였다. 어제 만든 곰보빵과 오늘 만든 곰보빵 맛이 달랐다. 아주 미묘한 차이여서 고객들이 알아차릴 정도는 아니었지만, 그래도 이건 아니라는 생각이 들었다. 홈 베이킹이라면 조금씩 달라지는 빵 맛이 오히려 즐거움이겠지만, 적어도 간판을 내건 빵집이라면 한결같은 맛을 보여줘야 고객들이 믿어줄 게 아닌가.

무엇이 문제일까? 나는 오래도록 고민하고 하나씩 분석해보기 시작했다. 곤잘레스 씨의 작업을 지켜봤던 경험도 도움이 되었다. 그는 빵을 발효시킬 때 반드시 바깥 기온을 체크하고 비가 오는지 건조한지 물어보곤 했다. 그리고 난 후에 실내온도를 맞추는 것이었다.

확실히 추우면 추운 대로, 더우면 더운 대로, 빵은 변덕스럽게 변했다. 실내 온도만 27~28도로 유지하면 되는 줄 알았는데, 그게 아니었다.

나는 데이터를 만들기 시작했다. 외부 온도에 기준해서 보일러 온도를 어떻게 바꾸는 게 좋을지 하나씩 실험을 했다. 30도가 넘는 더위가 이어지는 한여름의 공장 실내 온도는 보통 33~34도까지 상승한다. 그래서 온도를 낮추기 위해 에어컨을 틀면 설정 온도를 28도에 맞춘다 해도 에어컨에서 나오는 바람 때문에 실제는 그보다 더 낮은 온도가 된다. 그러니 선풍기를 틀어 환기를 시키는 등 다른 조치가 필요한 것이다.

또 겨울에는 보일러를 열심히 돌리면 실내 습도 때문에 문제가 생겼다. 빵을 만들 때 적절한 수분은 맛에 큰 영향을 미친다. 결국 나는 가습기에 공기청정기까지 동원했다.

또 같은 온도의 봄날이라도 비가 오는 날과 그렇지 않은 날의 빵 맛은 달랐다. 여름 장마철의 공정과 건조한 겨울의 공정 역시 달라져야 했다.

이렇게 1년을 꾸준히 작업 환경을 체크하며 데이터를 만들었다. 그러자 지금은 하루 일과를 시작할 때 공장장이 스스로 온도와 습도를 체크하고 적정 환경으로 조정할 수 있을 정도로 데이터가 충분해졌다.

그것이 전부가 아니었다. 재료를 보관하는 냉장고와 냉동고도 큰 문제였다. 흔히 재료를 냉동고에 보관해놓으면 한 달이고 두 달이고 아무런 문제가 없으리라 생각하지만, 냉동 시간이 오래될수록 재료 속의 수분이 날아가게 된다. 그러니 똑같은 배합으로 만들어도 영 개운하지 않은 빵 맛이 나오는 것이다.

나는 재료에 따라 나만의 유통기한을 따로 정했다. 봉투에 11월 1일까지 적혀 있어도 내가 정한 유통기한으로는 9월을 넘기면 안 되었다. 특히 잣, 호두, 피칸 같은 견과류에 대해선 이런 원칙을 엄격히 지켰다.

같은 이유로, 중간 발효된 반죽을 급속냉동고에 넣고 며칠까지 버틸 수 있는지 실험해보았다. 어떤 제품은 일주일도 가능했지만, 어떤 제품은 이틀이면 맛이 달라졌다. 이걸 제품마다 데이터를 내서 기록해두었다.

프랜차이즈 형식의 대형 제과점들은 중앙의 자동 기계설비로 대량생산을 하기 때문에 어느 지점에서도 똑같은 빵 맛을 낸다. 하지만 윈도 베이커리는 날마다 만드는 사람의 손맛에 따라 빵 맛이 달라진다. 그러므로 손맛을 살리되, 불필요한 차이를 없애려면 데이터가 무엇보다 중요하다. 작은 규모니까 어쩔 수 없다고 포기하고 주먹구구식으로 운영해선 안 된다. 아무리 작은 규모라도 과학이 필요한 영역에선 정확한 과학이 동원돼야 하는 것이다.

한번은 우리 공장에 들어온 막내 직원 두 명이 똑같이 크루아상을 구워내는데 이상하게 맛이 다르다며 도움을 요청했다. 둘이 작업하는 것을 지켜보고 나는 아주 미묘하지만 중요한 차이를 발견할 수 있었다. 반죽을 할 때, 한 사람은 재료를 배합한 후 기계 스위치를 올리고 시계를 보는 반면, 다른 사람은 스위치를 올리기 전에 시계를 봤다. 또 반죽을 멈출 때도 한 사람은 시계를 확인한 후에 기계를 끄고, 다른 사람은 시계를 보면서 기계를 끄는 것이었다. 그 차이가 한 30초쯤 될까? 그러나 고속으로 회전하는 믹서에선 200회라는 차이가 생겨났다.

그렇다고 모든 직원들에게 "반드시 기계를 누른 후에 시계를 보라"고 가르칠 수는 없는 노릇이다. 습관을 바꿔서 해결할 문제가 아니기 때문이다. 자신만의 정확한 데이터를 도출해야 한다. 시계를 보고 기계를 누르는 직원에겐 지금까지 반죽을 10분 쳤다면 1분을 더 쳐서 11분을 치라고 말해주었다. 그렇게 반죽 시간을 늘려서 빵이 어떻게 나오는지 지켜보면 된다. 정확히 원하는 빵이 나온다면, 앞으로 그 직원의 반죽 시간은 11분이다.

나는 직원들에게 무엇이든 작은 차이를 꼭 기록해두라고 말한다. 곰보빵 하나를 만들 때도 20분을 굽는 것과 21분을 굽는 것의 차이를 스스로 눈으로 보고 기록해두라고 했다. 야채빵, 허브빵, 버터빵, 깨찰빵 등 제품 종류에 따라서도 반죽 시간과 굽는 시간이 천차만별이다.

내가 이렇게 작은 걸 강조하니까 간혹 엉뚱한 질문을 던지는 직원들도 있다. 홍차와 아주 잘 어울리는 스콘이라는 빵이 있는데, 직원 두 명이 네모난 스콘이 더 맛있는지 동그란 스콘이 맛있는지 설전을 벌이다가 나를 찾아온 것이다. 반죽 두께만 정확하다면야 네모나든 동그랗든 삼각형이든, 다 맛있지 않겠는가, 그래서 우리 가게 스콘은 네모도 삼각형도 동그라미도 다 있다.

‖ 빵의 진화를 꿈꾸며 ‖

사람들이 빵에 대해서 말할 때, 늘 걸리는 문제가 있다. '빵으로 밥을 대신할 수 있나', '빵을 너무 많이 먹으면 몸에 안 좋다', '빵은 소화가 잘 안 된다' 같은 인식들이었다. 그런 말을 들을 때마다 나는 늘 고민했다. 균형 잡힌 영양에 소화도 잘 되고, 밥 먹은 것처럼 든든한, 그런 빵을 만들 수는 없을까?

나는 왜 사람들이 빵을 먹으면 속이 더부룩하고 답답하다고 하는지 그 이유부터 알아보았다. 원인은 밀가루에 있었다. 수백 년 동안 밀가루를 먹어온 서양인들과 달리 동양인들에겐 밀에 있는 탄수화물을 소화하는 효소가 체질적으로 부족하다. 그렇다면 밀가루의 소화 흡수를 도울 뭔가가 필요한데, 그게 뭔지 좀처럼 떠오르질 않았다. 유산균을 넣으면 소화에 도움이 될까 하고 요구르트로 시도를 해봤지만 실패였다.

그러다가 1993년 프랑스 연수 여행에서 그 비밀을 알게 되었다. 앞에서 소개했던 조그만 빵집에서 천연발효 빵을 만나게 된 것이다. 그곳 빵을 몇 개 사먹어 보았는데, 맛이 완전히 달랐다. 천연 효모균이 밀가루의 분자구조에 영향을 미쳤는지 훨씬 보드랍고 촉촉했다. 그리고 속도 편안했다. 몇 개를 먹어도 느끼하질 않았다. 나는 다행히 설득 끝에 빵집 노인으로부터 천연발효에 대한 비법을 전수받을 수 있었다. 핵심은 적절한 배양균을 선정해 정확한 온도에서 발효시키는 것이었다.

그런데 이게 한국에 돌아와 다시 적용해보려니 쉽지가 않았다. 외국에서 들여온 배양균은 한국에선 살아남지 못했다. 결국 국내산 호밀과 요구르트, 건포도 등을 이용해 일단 천연발효를 시키는 데는 성공했지만, 빵이 보기 좋게 부풀게 하면서 동시에 인체에도 유익한 효모균이 최대한 살아있는 '시점'을 잡아내는 일은 여전히 쉽지 않았다. 발효가 진행되면 반죽의 산도가 높아져서 잡균들은 죽고 인체에 유익한 균만 살아남는다. 하지만 어느 온도에서 어느 정도의 시간이 경과해야 최상인 걸까?

혼자 끙끙대서는 해결책이 나올 리 없었다. 대학에서 유산균을 오래 연구한 조남지 교수님을 찾아도 가보고, 연구기관에 성분 분석을 의뢰해가면서 조금씩 데이터를 만들기 시작했다. 프랑스의 한 연구소에서 보내준 천연발효 빵에 대한 서류도 많은 도움이 되었다. 그 서류에 의하면, 제빵 개량제를 사용해서 만든 빵은 천연발효 빵이 아니며, 이스트가 일정량 이상이 되면 그 역시 천연발효 빵으로 볼 수 없다는 것이다. 빵의 소비가 많아지는 만큼 제과점들이 제빵 개량제의 사용을 자제하고 천연발효법을 사용해야 한다는 문항까지 적혀 있었다.

그걸 읽으면서, 아무리 시간이 걸린다 해도 반드시 내 손으로 천연발효 빵을 만들어야겠다는 결심을 더욱 굳혔다. 게다가 곧 한국도 건강에 좋은 빵에 대한 수요가 높아질 것이 분명했다.

1994년 도곡역삼점을 오픈하면서부터 시작된 천연발효 빵에 대한 실험은 1997년이 되어서야 완성됐다. 하지만 이것마저도 완전한 건 아니었다. 나는 계속 고객들의 리뷰를 받으면서 발효법을 개선해갔고, 2000년에 들어서야 지금 같은 안정적인 천연발효법을 완성할 수 있었다.

천연발효법에 투입되는 인력이나 노동시간은 일반 발효보다 서너 배가 더 든다. 이스트와 제빵 개량제만 넣어두면 한 시간이면 자동으로 발효가 끝나겠지만, 천연발효법은 1차 발효에 8~16시간, 2차 발효에 16~24시간이 걸린다. 또 두고두고 쓸 수 있는 것도 아니라서 제품을 만들 때마다 발효종을 따로 만들어야 한다. 노동량은 늘어나고 생산성은 떨어지니, 추가로 몇 명의 직원을 더 고용하는 인력 투자도 해야 했다. 그래도 당장 구워져 나오는 빵 맛이 다른데 어떻게 포기할 수 있겠는가!

특히 김영모 과자점의 빵은 아무리 먹어도 속이 편하다며 좋은 빵을 만들어줘서 고맙다고 등을 두드려주시는 노인 분들을 만나면 그간의 고생했던 기억은 훌훌 날아가 버린다.

채소보다 더 신선한 빵, 김치보다 더 소화가 더 잘 되는 빵을 만들겠다고 처음 나섰을 때는 비웃는 사람이 많았다. 하지만 결국 나같은 시도를 하는 사람들에 의해서 빵은 계속 진화할 것이다. 비타민이 풍부한 영양제 수준의 빵, 스태미나를 높여주는 보양 빵이 나오게 될지 누가 알겠는가.

기능인은 머릿속에 있는 모든 것을
손으로 표현할 줄 아는 사람

‖ 기능장 시험에의 도전 ‖

둘째 영훈이가 제과 유학을 위해 프랑스로 떠난 건 17살 때였다. 불어 알파벳도 제대로 발음할 줄 몰라서 애를 먹던 아이가 일 년쯤 지나니 전화를 걸어왔다.

"아버지, 저 자격증 땄습니다."

나는 깜짝 놀랐다. 프랑스 제과 자격증은 따기가 아주 어려워서 보통 2~3년은 걸린다고 알고 있었는데, 1년 만에 덜컥 따내다니! 현지인도 힘든 일을 어린 외국인 학생이 해냈다며 현지 지역 신문에도 실릴 정도로 화제가 되었다.

좋은 소식을 듣고 나니 괜히 나를 돌아보게 됐다. 제과업에 입문한 지 어느덧 30여 년. 아들놈도 어린 나이에 그 어려운 자격증을 따는데 나는 아무 자격증도 없으니.

사실 그 동안은 자격증까지 고민할 여유가 없었다. 현장에서 직접 배우고 쌓은 것만한 자격증이 또 어디 있겠나 싶기도 했다. 그런데 아들 녀석이 자격증을 땄다고 자랑을 하니 괜히 걱정이 되었다. 나중에라도 아버지는 무슨 자격증이 있느냐고 물어보면 뭐라고 대답해야 할까?

나는 기능장 시험에 도전하기로 했다. 기능장이면 대한민국 최고의 자격증이니 이 정도면 아들 앞에서도 어깨를 펼 수 있지 않을까 하는 생각이었다. 그러나 막상 시험 등록을 하고 나니 걱정이 밀려왔다. 30년 경력의 베테랑이 시험에서 떨어진다면 얼마나 창피한 일인가. 사람들은 학원에 다니면서 준비도 한다는데, 경력이 30년이나 되는 나는 체면상 그럴 수도 없었다.

나는 책을 한 권 사서 열심히 공부했다. 다른 사람들이 어려워하는 원가 계산이나 기계 설비같은 것은 이미 현장에서 꿰뚫고 있는 내용이라 식은 죽 먹기였으나, 식품위생학 및 법규 등을 공부하자니 골치가 아팠다. 식중독의 종류니 위생법이니, 외워야 할 전문용어들이 한 가득이었다. 영양학에 이르러서도 거의 생물학 수준의 내용을 이해하려고 하니 이것저것 헷갈리기만 했다. 역시 나는 공부 체질이 아니었다. 책을 읽는 것은 좋아해도 교과서는 영 진도가 나가지 않는 건 예나 지금이나 마찬가지였던 것이다.

그래도 나름대로 분발해 필기 시험은 무난히 통과할 수 있었다. 문제는 실기였다. 그 동안 해와서 내 손에 익어 있던 내 방식과는 달리, 기능장 시험에서 요구하는 방법에 맞춰서 따로 훈련을 해야 했다. 주제를 주고 수험생 각자 창의적으로 작품을 만들었으면 좋겠지만 그렇게 하면 채점하기가 곤란해서인지, 똑같은 규격에 똑같은 모양의 작품을 똑같은 방식으로 만들어야 하는 것이 시험 과정이었다. 또 규격 도구 이외에 평소에 내가 편리하게 사용하던 도구들도 가져갈 수 없었다.

실기 시험은 빵, 케이크, 과자, 초콜릿과 설탕공예 중에서 무작위로 이루어졌다. 예를 들어, 데코레이션 케이크가 문제로 나온다면 필요한 작업이 대여섯 가지가 되었다. 초콜릿 케이크 위를 가나슈로 코팅하고, 옆면에는 사각형 초콜릿 판을 부착하고, 윗면에 초콜릿으로 만든 리본과 플라스틱 초콜릿으로 만든 장미 네 송이를 올리고, 마지막으로 가나슈로 'Happy Birthday'라고 써야 한다. 이걸 다 해내려면 배합표를 만드는 것에서 믹싱, 반죽, 발효, 굽기, 코팅, 장식까지 총 6~8시간이 걸린다.

필기 합격이 발표되고 약 보름 동안 나는 집에서 하나하나 연습을 했다. 기출문제를 놓고 하나씩 해보는데, 워낙 시간이 많이 걸리니 한 작품 완성하고 나면 하루해가 저물었다.

시험을 본 후 결과 발표까지는 3주. 내 평생 시험보고 결과 기다리기는 그때가 처음이었다.

1998년 10월, 나는 드디어 제과 기능장 자격증을 손에 쥐었다. 역대 응시자 중 최고 점수로 합격했다는 기쁜 소식도 들을 수 있었다.

합격을 하고 나니, 시험을 치르기를 정말 잘했다는 생각이 들었다. 영훈이도 바다 건너 프랑스에서 아버지가 어느새 그런 일을 꾸몄느냐며 무척 놀라고 기뻐해주었다. 이제는 대외적으로도 내가 어떤 사람인지 한참 설명할 필요 없이, "제과 기능장입니다"라고 하면 다들 알아주니 편리한 점이 많았다.

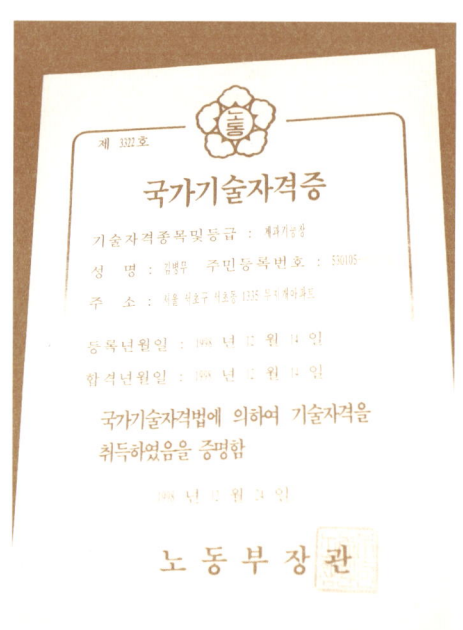

뒤늦게 받은 제과 기능장 자격증. 망설임 끝에 시도한 응시였지만, 내겐 그 자체로 큰 자극과 도전이 되었다.

가장 좋은 것은 김영모 과자점 앞에 '제과 기능장'이라는 한 마디를 더 붙일 수 있게 된 것이다. 이 한 마디로 고객이 갖게 되는 신뢰는 더욱 커질 것이었다. 나 역시 그 이름이 헛되지 않도록 더욱 공부하고 노력하는 자세를 갖게 되었다. 정말이지 이제는 내 말 한 마디, 행동 하나하나에 기능장의 명예를 걸어야 했다. 빵도 빵이지만 인격적으로도 더 나은 인간이 되어야 했다.

한편 기능장협회의 기능장 마크는 내가 제청하여 제작 의뢰를 했다.

KMB의 가운데 글자인 M 위에 모자 모양을 얹은, 멋쟁이 빵 기능장의 모습을 담은 제과 기능장 마크는 그렇게 탄생했다. 그때 이후로 나는 일을 할 때면 늘 기능장 마크가 새겨진 가운을

기능인으로서의 자부심이 담긴 멋쟁이 빵 기능장을 표현한 기능장 마크.

입는다. 2000년에 우리 공장의 가운 디자인을 싹 바꾸면서 가슴팍에 '제과 기능장 김영모'라고 멋지게 수도 놓았다. 지치다가도 이 가운만 입으면 몸에서 기운이 펄펄 넘친다. 마치 지구를 떠받치고 있는 슈퍼맨의 빨간 망토라도 되는 양 말이다.

|| 나는 빵을 만들고 빵은 나를 만든다 ||

가끔 인터뷰를 하다보면 "빵 만드는 게 어떤 점에서 그렇게 좋나요?" 하는 질문을 받을 때가 있다. 그런데 미리 답변을 준비해 놓고도, 이 질문에는 선뜻 대답하기가 힘

들다. 그 이유는 나도 알 수 없기 때문이다. 그냥 좋아하니까 좋아하는 거랄까?

그렇게 술을 마시며 말썽을 피웠던 철없던 시절에도, 이상하게 빵만 보면 마음이 편안해졌다. 공장 밖에서는 거칠고 으스대고 힘을 과시하며 살았지만, 공장 안에서는 조용하고 섬세하고 겸손하게 변할 수 있었다. 그렇다. 노래 가사처럼 '빵 앞에만 서면 나는 작아졌다.'

더러는 "빵을 만들면서 무슨 생각을 하느냐?"는 질문도 받는다. 빵을 만들 때는 우선 누가 먹게 되건 맛있게 먹으면 좋겠다는 생각, 그리고 이 빵이 몸과 마음에 힘과 위안을 줬으면 좋겠다는 생각, 또 마지막 한 조각까지 감동을 주었으면 좋겠다는 생각뿐이다. 어찌 보면 빵을 만드는 모든 과정이 일종의 간절한 기도 같다는 생각이 든다.

이 기도 속에 빠지면 나는 나를 잊어버리고 만다. 재료를 섞고 반죽을 밀고 예쁜 모양으로 성형한 후에 수백 개의 빵을 오븐에 넣고 빼다 보면, 어느새 나는 사라지고 빵만 남는다. 그것이 바로 집중의 힘이다. 그런 상태에 빠지면 시간도 주변의 소음도 옆에 있는 사람과 사물도 사라진다. 마치 나 자신이 진공 상태의 우주 공간에 있는 느낌이다. 무아지경. 자고로 기능인이란 자신이 머릿속으로 생각하는 것을 손으로 표현할 줄 알아야 한다. 그게 기능인이다. 그렇게 되려면 자기를 잊어버리고 일에 집중해야 한다.

그런 상태로 10시간이고 12시간이고 일한다. 누군가 "사장님, 사장님!" 하고 한참을 불러도, 마치 먼 세상에서 부르는 소리처럼 비현실적으로 들린다. 그러다가 천천히 내 몸이 무아의 경지를 빠져나오면, 비로소 내 주위를 바삐 움직이는 사람들이 눈에 들어온다.

명상서적을 읽다가 나는 이런 상태를 잡념을 떨쳐버리고 완전한 집

기능인이란 자기가 생각하고 말하는 것을 손으로 표현할 줄 아는 사람.
그래서 기능인에게 배움은 끝이 없다.

중을 이룬 '삼매(三昧)'라고 부른다는 것을 알게 되었다. 이 상태가 되면 내 의지가 들어가지 않아도 무위적인 흐름에 따라 빵을 만든다. 생각도 없고 판단도 없고, 그저 조용한 마음의 상태가 계속될 뿐이다.

아마 본인의 일을 즐기고 사랑하는 많은 사람들이 이런 경지를 경험했을 것이다. 소설가의 펜은 마치 피뢰침을 맞은 듯 정신없이 흔들리고, 화가의 붓은 마치 춤을 추듯 캔버스를 누빈다. 밭에서 시들어가는 잎 하나를 살리기 위해 구슬땀을 흘리는 농부에게도, 자식에게 맛있는 밥상을 차려주기 위해 부엌에서 땀을 흘리는 어머니에게도 이런 경지는 찾아온다.

나에게는 빵을 만드는 행위 자체가 마음을 닦는 수련과 같다. 머릿속의 잡념이 완전히 사라지고, 나는 우주 공간의 작은 점으로 사라진다.

누군가 또 내게 이렇게 묻는다. "아무리 좋아하는 일도 직업이 되고 나면 지겨워지지 않나요?" 내 대답은 "아니오"다. 빵은 내 삶의 질리지 않는 테마다. 빵은 지금도 나로 하여금 많은 것을 뉘우치고 깨닫고 배우게 한다. 빵 만들기를 통해 나는 조금씩 좋은 사람이 되어간다.

‖ 불멸의 사커 토르테 ‖

오스트리아 빈에 있는 사커 호텔 커피숍. 이곳엔 늘 얼 그레이 홍차 한 잔에 사커 토르테 한 조각을 맛보기 위해 전 세계에서 몰려온 손님들이 북적댄다. 170년이 넘은 사커 토르테. 이 케이크를 처음 만든 프란츠 사커는 당시 합스부르크 왕실 메네트니히 왕자의 전속 요리사 밑에서 수련을 받던 17살의 견습생이었다.

어느 날 왕자님에게 중요한 손님이 찾아왔는데, 그날따라 요리사가

몸이 아파 몸져 누웠다. 어쩌면 좋을지 궁리하던 사커는 초콜릿 케이크를 구워 내놓기로 했다. 그렇게 만들어진 토르테를 홍차와 함께 내놓자, 귀빈은 그 토르테에 열광했다. 그날 이후 왕자를 방문하는 모든 손님들이 사커의 토르테를 찾았다. 세월이 흘러 당시 왕자가 살던 왕궁은 사커 호텔로 변신했고, 그곳 카페에서는 사커의 후손들이 사커 토르테를 만들어 팔고 있다.

사커 토르테의 레시피는 철저히 비밀에 붙여져 있다. 케이크 사이에 가나슈를 샌드하고, 그 위에 시럽을 뿌린 후 초콜릿으로 코팅하는, 어찌 보면 간단한 레시피. 하지만 오리지널 사커 토르테의 맛을 흉내 낼 수 있는 곳은 없다. 평일에는 하루 500~800개, 크리스마스 시즌이면 하루 3천 개가 팔려나간다고 하니 엄청난 양이다. 그나마도 판매량을 제한하기 때문에 이 정도다.

이처럼 화려한 명성의 사커 토르테를 안 먹어보고 그냥 지나칠 수 없었다. 1985년 처음으로 오스트리아를 방문했을 때, 우리 일행은 무려 40분이나 줄을 선 끝에 겨우 한 조각씩을 맛볼 수 있었다.

솔직히 맛은 실망스러웠다. 흰 접시 위에 올려진 짙은 초콜릿 빛깔의 토르테, 그 옆에 소용돌이 무늬를 그리며 뿌려진 생크림 약간, 그리고 커피. 운치는 있었지만 우리 입맛에는 너무 달았다.

사람들은 이 케이크를 왜 그토록 사랑하는 것일까? 나는 그곳에서 오래된 것에 경의를 표하는 유럽인들을 만날 수 있었다. 그들이 열광하는 것은 케이크의 맛이 아니라 오랜 세월을 거쳐 살아남은 그 짙은 생명력이었던 것이다. 170년을 이어온, 앞으로도 영원히 이어질 불멸의 사커 토르테. 나도 그런 불멸의 빵을 만들 수 있을까?

4

김씨네 가게엔 열정이 산다

작은 고추는 매워야 한다

|| 아내의 마술 ||

처녀 시절, 직장 마치기가 무섭게 주산이다 한문이다 붓글씨다 이것 저것 배우기에 바빴던 아내. 결혼 후에도 그 모습에는 변함이 없었다. 아이들이 어릴 때는 어쩔 수 없이 집에 붙어 있었지만, 그 후부터는 허구한 날 밖으로만 돈다.

아내는 우선 포장과 디스플레이를 전문적으로 배웠다. 한 3개월 하면 되겠지 싶었는데, 초급 과정이 끝나면 중급 과정, 고급 과정에서 전문가 과정, 창업 과정…. 끝도 없이 배운다. 포장과 디스플레이를 끝내더니 테이블 세팅에 플로리스트 과정까지 마친다.

"이제 그 정도 했으면 웬만큼 배운 것 아니오?" 하고 말하면 "당신은 지금까지 배운 기술로 평생 빵 만들 수 있어요?" 하고 반문한다. 할 말이 없다.

불과 6평으로 시작했지만, 아내는 이미 제품 포장과 디스플레이가 판매에 얼마나 영향을 미치는지 꿰뚫고 있었다. 대부분의 윈도 베이커리들이 부족한 것이 바로 이 점이었다. 밋밋한 포장지, 조잡한 케이크 상자, 대충 쌓아 놓은 빵과 과자들…. 맛이나 품질이 괜찮아도 세련미에서 밀리는 게 윈도 베이커리들의 한계였다.

아내는 배운 것을 곧바로 가게에 적용시켰다. 손님이 케이크를 살 때면 "집에서 그냥 드실 건가요, 선물용이신가요?" 묻고 선물용이라고 하면 자신 있게 가위와 리본을 집어든다. 그뿐이 아니다. "선물 받으실 분 나이가 어떻게 되시나요?" 하고는 나이에 맞게 포장지 색깔에서부터 포장 방식까지 다채롭게 바꿔준다.

아내가 내놓은 포장을 손님들은 아주 흡족해했다. 선물용이 아닌데도 포장해달라는 손님이 늘었다. 프랜차이즈 매장의 일괄적인 포장과는 또 다른 운치가 느껴지는 모양이다.

배운다고 나갈 때는 뾰로통한 마음이 들더니, 막상 눈앞에서 포장 예술이 펼쳐지고 매장이 시즌마다 신선하게 옷을 갈아입자 이내 아내의 명확한 판단력에 감탄할 수밖에 없었다.

우리가 단시일 내에 빠르게 성장할 수 있었던 배경에는 이런 아내의 노력이 큰 몫을 했다. 내가 빵을 굽고 데이터를 분석하고 신제품 아이디어를 낼 동안, 아내는 매장을 단장하고 포장을 하고 계산대에서 열심히 손님들을 응대했다. 내가 매년 해외 연수를 나가 새로운 제과 기술을 배워올 동안, 아내는 전문가들을 찾아다니며 포장과 인테리어 기술을 배웠다.

가게를 위해 시간을 쪼개가며 배운 아내의 포장과 인테리어 솜씨는 매장 곳곳에서 그 빛을 발한다.

나는 개업을 앞둔 후배들에게 아내의 힘을 업는 것이 사업 성공의 비결이라고 조언한다. 따로 큰돈 주고 전문가를 고용할 수 없는 자영업자에겐 가족이 가장 큰 밑천이고 힘이다.

발렌타인데이, 화이트데이, 크리스마스, 어린이날, 어버이날 등 시기별로 분위기에 맞춘 매장 디스플레이, 손님들이 감탄해 마지않는 바구니 세팅이며 샌드위치 카페에 있는 유럽풍의 테이블 세팅, 소품의 선정과 배치 등은 모두 아내의 작품이다.

아내는 2001년 한국 선물포장 디자이너협회에서 주관하는 포장대전에 응모해 장려상을 받았다. 2002년에는 일본 정부가 인정하는 최고의 인증인 포장사 자격증을 취득했다. 그리고 2004년 노동부에서 주는 우수기능인(선물포장 부문) 상을 받았으며 같은해 11월에는 선물포장 디자이너 공모전에서 대상을 받기도 했다. 아내는 이제 어디 가든 대우 받으며 일할 수 있는 전문가다. 잘 모셔야겠다.

|| 좁은 가게를 넉넉함으로 가득 채워라 ||

서초동 시절, 우리 가게에 문을 열고 들어온 손님들은 눈이 휘둥그레지곤 했다.

"와, 빵이 이렇게 많은 건 처음 봐요!"

우리 가게 벽면은 모두 빵으로 빼곡히 둘러져 있었다. 당시 종수만도 200여 종. 좁은 가게치곤 놀랍도록 많은 종수였다. 벽마다 선반을 만들어 빵을 종류와 크기별로 구분하고, 각양각색이라는 걸 첫눈에 느낄 수 있도록 색상과 모양이 드러나게 화려하게 꾸몄다. 아내의 아이디어였다.

김영모 과자점 매장의 특징은 보기만 해도 배가 부를 만큼 빼곡히 진열돼 있는 먹음직스러운 빵들. 그것을 구경하며 고객들은 행복한 고민에 빠진다.

특별히 다른 장식을 하지 않아도 가게는 빵만으로 풍성했다. 한 번 들어오면 빵을 구경하는 데만도 10분이 넘게 걸렸다. 대여섯 가지 제품을 골라놓고 뭘 살지 고민하는 손님들의 모습은 우리에게 늘 즐거움을 주었다.

"맛있어 보이는 게 너무 많아서 뭘 사야 할지 모르겠어요."

"여기 소보로 빵과 저기 단팥빵 중에 뭐가 더 맛있죠? 둘 다 맛있어 보여서 결정을 못 내리겠어요."

"여긴 세상의 모든 빵이 다 있는 것 같아요."

이런 찬사를 들으면 어깨가 절로 들썩거리고 빵 만드는 손이 유난히 경쾌해졌다. 빵을 파는 데 가게의 사이즈는 문제가 되지 않았다. 대형 업체가 들어섰을 때만 해도 사이즈에서 밀리면 그냥 지는 거라 여기고 절망했었는데 말이다.

가게가 크든 작든, 중요한 건 빵이다. 먹고 싶게, 보기만 해도 군침이 돌게, 구경하는 것만으로도 기분 좋게 한없는 눈요깃거리를 선사하는 것, 6평으로도 충분한 일이었다. 아무리 매장이 커도 진열된 빵이 빈약해 구경하는 재미가 없으면 1분 만에 그냥 나오는 게 손님들의 생리다. 비록 6평이지만 보여줄 게 많은 우리 매장에서 손님들은 평균 7~8분 이상 머물렀다. 20분이 지나도록 결정을 못하고 갈등하는 분들도 많았다.

그때는 윈도 베이커리는 프랜차이즈를 이길 수 없다고 말하던 시절이었다. 크고 강하고 제품력도 뛰어난데다 마케팅 능력까지 갖춘 프랜차이즈는 아무도 이길 수 없다고 여겼다. 하지만 나는 불과 6평으로 20평, 30평의 프랜차이즈들과 대결하여 이겼다. 나는 힘없는 작은 가게의 주인일 뿐이었지만, 빵은 힘이 셌다.

우리가 1년 반 만에 대형 체인을 밀어냈을 때, 사람들은 기적이라고 말했다. 운이 좋다고도 했다. 하지만 운도 기적도, 노력 없이는 오지 않는다.

매장앞에 진열돼 있는 로고 조형물. 가운을 입고 나란히 서 있는 부자를 상징하는 로고는 전통과 계승을 꿈꾸는 김영모 과자점의 이미지를 대표한다.

시식용 빵은 판촉물이 아니다

|| 대가를 바라지 않는 공짜 빵의 마술 ||

김영모 과자점은 아마도 대한민국에서 시식을 가장 많이 하는 제과점일 것이다. 매장에 들른 손님들은 사가는 빵보다 더 많은 종류의 빵을 먹어본다. '원없이 먹었으니 이제 그만 사가지고 나가야지' 하면 직원의 안내 멘트가 다시 발길을 잡는다. "방금 구운 아몬드 브리오슈가 나왔습니다. 시식하세요."

"시식하십시오", "시식하세요" 라는 말이 무슨 집단최면 같은 걸 일으키는 효과가 있나 보다. 그 말을 들으면 손님들은 꼼짝 없이 시식대로 향하게 되고 일단 시식을 해보면 그 맛에 빠져든다.

시식에 관련된 재미있는 에피소드도 많다. 고객들 중에는 시식에 정신이 팔려 기껏 계산한 빵을 놓고 가는 분들도 있다. 신용카드를 놓고 갔다고 아무리 점원이 다급하게 불러도 시식용 빵을 주머니에 한가득 챙겨 매장을 빠져나가는 고객은 아랑곳도 하지 않는다. 때로는 시식용 빵에 무료로 마련된 커피까지 한 잔 곁들여 한 끼 식사를 해결하는 분들도 눈에 띈다. 하지만 직원들을 포함해 누구도 눈치를 주거나 타박을 하지 않는다. 시식용 빵은 사라고 권유하는 미끼가 아니라, 사심 없이 권하는 것. 서비스도 아니고 덤도 아니라, 그저 빵일 뿐이다.

직원들에게 이런 내 생각을 이해시키는 데 꽤 시간이 걸렸다. 대부분 시식용 빵이 판매를 위한 판촉물이라 생각하기 때문이었다. 시식

코너에 배치된 직원은 아끼라고 말하지도 않았는데 지레 최대한 잘게 썰어내기 위해 애쓴다.

"더 크게 써세요. 작게 썰면 안 됩니다." 내가 이렇게 말하면 직원은 당황하며 말한다.

"사장님, 시식용으로 나눠주다 끝나겠어요."

"괜찮습니다. 빵 인심은 야박해선 안 되니 푸짐하게 놓으세요."

또 어떤 직원은 몇 조각씩 한꺼번에 가져가는 손님에게 눈치를 주기도 한다.

"드시라고 권했으면 얼마나 먹든 손님 마음입니다. 손님에게 음식을 내놓고 눈치를 주면 불편해서 먹겠어요? 빵은 넉넉하고 후한 마음입니다. 손님들이 마음껏 빵을 맛보고 즐기게 놔두세요."

그러면 직원 중 하나가 손을 들고 질문을 한다.

"사장님, 시식용 빵은 더 많이 팔기 위한 판촉물 아닌가요?"

"아닙니다. 그냥 빵일 뿐입니다. 대가 없이 베푸는 겁니다."

물론 공짜 빵의 대가는 돌아온다. 하지만 대가는 바랄 때 돌아오는 것이 아니라, 아무 기대 없이 그저 베풀 때 돌아온다. 넉넉하고 푸짐한 곳, 다양하고 신선한 빵을 늘 먹어보라 권하는 곳, 꼭 뭔가 사야 한다는 부담 없이도 언제든 들어가 빵을 먹으며 구경할 수 있는 곳. 이런 고객들의 인식이야말로 우리가 얻는 가장 값진 대가다.

시식이 좋은 이유는 또 있다. 사심 없이 공짜로 제공되는 빵이라 손님들이 더 맛있게 느낀다는 것. '이러저러 해서 맛있다'고 백 번 말로 하는 것보다 효과가 즉각 나타난다. 빵을 사간 고객들이 그 빵을 맛있게 먹었는지 아닌지 알기는 힘들다. 하지만 시식을 하면 손님의 입에서 빵에 대한 평가가 현장에서 터져 나온다.

"와, 맛있다!", "너무 달지 않아서 좋네!", "치즈 맛이 조금 느끼한데.", "무화과가 조금 더 들어갔으면 좋겠다."

직원들은 손님들의 평가를 얼른 메모해 두었다가 회의 시간에 전달한다. 시식에서 얻은 즉각적인 반응은 제품을 개발하고 개선하는 데 소중한 정보가 된다.

그래서 신제품을 출시하기 전에 반드시 지역 주민들을 초청한 무료 시식 행사를 여는 것이다. '김사모' 회원들이나 단골고객들에게는 일일이 초청 편지를 보내지만, 당일에 들르는 손님들도 대환영이다. 이렇게 모인 고객 평가단에게는 푸짐한 시식용 빵과 향긋한 커피, 음료수가 제공된다. 또 돌아갈 때 조금씩 싸갈 수 있도록 작은 비닐 주머니도 드린다. 잔치 끝에 음식을 싸서 나눠주듯이 훈훈하고 넉넉함을 건네 드리기 위함이다.

언젠가 20평 정도 되는 윈도 베이커리를 운영하는 후배 하나가 물었다.

"그렇게 시식을 많이 하면 한 달에 돈이 얼마나 드나요?"

나는 말했다. "계산 같은 건 해본 적 없는데? 계산하면서는 이 일 못하지."

후배는 아마 계산기를 두드려보고는 생각보다 비용이 많이 들어가니 계속 해야 하나 망설이고 있는 것 같았다.

"먹고도 사지 않는 사람이 더 많던 걸요?"

"그 자리에서 당장은 안 사도 나중엔 사지 않을까?"

후배가 고개를 갸웃한다.

"전혀 사지 않는다고 해도, 너희 집 빵이 맛있다고 자랑하는 것만으로 의미 있지 않을까?"

그제야 후배는 고개를 끄덕인다.

시식용의 작은 공짜 빵, 그것은 넉넉함으로 고객들에게 마술을 건다.

‖ 하나 더 얹어주는 게 서비스? ‖

오래전 직원들의 서비스 마인드 강화 교육을 하면서 깜짝 놀랐던 적이 있다. "서비스가 뭐라고 생각하느냐"는 질문에 대부분이 이렇게 대답하는 것이었다.

"서비스요? 덤으로 뭘 더 주거나 값을 깎아주는 것 아닌가요?"

나름대로 충격이었다. 물론 더 많이 주는 것이나 깎아주는 것도 서비스의 일종이긴 하다. 하지만 빵을 하나 더 준다고 고객들이 계속 찾아줄까? 빵 값이 싸다고 다시 와줄까? 그런 방식은 서비스 중에서도 가장 초보적인 것에 불과하다.

내가 생각하는 서비스는 그런 차원이 아니다. 진정한 서비스는 '고객들이 기분 좋게 들어와서 가장 만족스러운 마음으로 떠나게 하는 것'이다. 빵에도 만족, 분위기에도 만족, 직원들의 태도에도 만족. 이런 총체적인 경험이 바로 서비스다.

빵집을 많이 다녀본 사람이라면 고개를 끄덕일 것이다. 아니 비단 빵집만이 아니다. 사람이 들어와도 본 척 만 척하는 곳에선 사고 싶은 마음이 들지 않는다. 질문을 해도 성의 없는 대답이 날아온다면 이 역시 감점. "이 빵 너무 달지 않을까요?" 하고 묻는데, "안 달아요" 하고 짤막하게 대답하고 끝낸다면 고객이 얼마나 무안하겠는가.

서비스는 마음이다. 고객을 최고로 모시겠다는 마음이 없으면 아무리 할인을 받아도 기분 좋을 리 없다. 그러니 직원 전체가 그런 마음가

짐을 갖게 하는 일은 무엇보다 중요하다.

나는 직원들 서비스 교육을 어떻게 하면 잘 시킬 수 있을까 많이 고민했다. 누군가는 백화점이나 항공사 직원들이 받는 교육 과정을 제안하기도 했지만, 그건 답이 아닌 것 같았다. 인형 같은 미소를 띠고 90도 각도로 절하는 모습보다는 조금 서툴러 보이더라도 마음이 담긴 따뜻한 배려, 그게 우리 가게에 어울리는 서비스라고 생각했다.

직원들에게 가장 먼저 요구한 것은 '빵에 대한 지식'이었다. 매장 직원들이 빵에 대해 모르면 고객들의 질문에 답을 할 수가 없다. 단 것과 덜 단 것, 노인들에게 맞는 것과 아이들이 좋아하는 것이 뭔지 추천해주거나, 무슨 재료가 들었고 어떻게 만들어지는지 알려줄 수 있어야 친절한 서비스가 가능하다. 무뚝뚝한 성격이 아닌데도 불친절하다는 불만을 듣게 된다면, 백발백중 제품에 대해 무지하기 때문인 경우가 많다.

그렇게 지식으로 무장하고 나면, 이제 고객을 가슴으로 모실 차례다. 우리가 파는 건 빵이나 케이크지만, 그 제품을 상징하는 얼굴은 바로 직원들이다. 개인적으로 기분 나쁜 일이 있었다는 이유로 고객에게 얼굴을 찡그린다면, 공장 직원들이 땀흘려 만든 빵을 모독하는 행위다.

언제나 빵을 대표한다는 마음으로, 김영모 과자점을 대표한다는 마음으로, 고객에게 최선을 다해야 한다. 그래서 나는 판매 직원들에게 "여러분은 우리 과자점의 얼굴입니다"라는 말을 자주 한다. 또 "여러분의 행동 하나가 고객의 하루 기분을 좌우합니다"라는 말도 자주 한다. 기분이 좀 안 좋았던 고객이라도 직원이 친절하게 안내해주고 "날이 너무 덥죠?" 하고 다정하게 말을 건넨다면, 그것 하나로 그 분의 하루 기분이 바뀔 수 있다. 그게 바로 빵 하나를 더 얹어주는 것보다 훨씬 수준 높은 차원의 서비스다.

이 정도가 완성됐다면 거기에 하나 덧붙일 것은 빈틈까지 고려한 좀 더 섬세한 서비스다. 고객이 뭔가 요구하거나 묻기 전에 그 분의 필요를 먼저 읽고 다가가는 서비스를 말한다.

우리 가게에 처음 오신 손님들은 빵 종류가 너무 많아 당황하는 경우도 있다. 그렇다면 충분히 구경할 수 있도록 시간을 드린 후에, 살짝 다가가서 "어떤 빵을 좋아하세요? 제가 도와드릴까요?"라고 묻는다. 혹은 "고객님, 이 빵을 추천해 드릴게요. 바삭하고 고소해서 아이들이 아주 좋아해요" 하고 권하기도 한다.

계산대에 있는 직원도 이런 역할을 할 수 있다. 손님이 고른 상품을 받아서 기계적으로 가격을 입력하고 돈을 받는 것만으론 뭔가 부족하다. 때론 줄이 길어져 기다려야 하는 고객의 짜증을 직원의 발랄한 한 마디로 단숨에 풀어줄 수 있어야 한다.

"곰보빵을 많이 사셨네요. 감사합니다.", "와, 초콜릿 시폰을 고르셨네요. 이거 좋아하시면 다음에는 녹차 시폰도 한번 드셔보세요. 맛이 깔끔해서 많이들 좋아하세요."

이렇게 몇 마디 오고가다보면 계산대는 훨씬 정감 넘치는 곳이 된다. 그런 차원에서 우리 매장 계산대 앞에는 대형 LCD 스크린이 설치돼 있다. 고객들은 계산대 앞에서 기다리는 동안 공장 직원들이 일하는 모습을 실시간으로 지켜볼 수 있다. 손님의 무료함도 달래주지만, 동시에 대화거리를 만들어주는 장치이기도 "이 스크린은 왜 여기 달아두었나요?", "아, 저기가 빵 만드는 작업실이군요."

그러다보면 직원과 손님 간에 자연스러운 대화가 시작된다. 또 내가 사가는 빵이 저렇게 정성들여 만들어진다는 것을 실감하게 하고, 빵을 만드는 사람과 그것을 사먹는 사람 간의 유대감을 만들어주기도 한다.

직원과 손님은 팔고 사는 관계를 넘어 친분을 맺는 인간관계로 발전한다. 김영모 과자점에서 서비스는 이렇게 넓은 개념이다.

고객은 우리 가게 최고의 자산

|| **김영모 카드를 갖고 계세요?** ||

13살쯤 돼 보이는 여자 아이가 가게에 들어와 빵을 고른다. 10분이 넘게 호기심 가득한 얼굴로 빵들을 골똘히 관찰하던 아이는 마침내 옥수수와 야채가 들어간 크레존 2개와 생도너츠 3개, 아몬드 머핀 3개를 골랐다. 현명한 선택이다.

아이는 익숙한 듯 계산대로 가서 전화번호를 말한다.

"516에 21××인데요."

전화번호를 입력한 계산대 직원이 말한다.

"방금 너희 어머니가 빵을 사가셨네."

"어, 그래요?"

"모차르트 식빵 하나하고, 펌킨 로열, 팥빵 3개, 소보로 3개 이렇게 사가셨어. 또 사가도 되겠니?"

"네, 괜찮아요. 이건 친구들이랑 같이 먹으려고요."

"아, 그래?"

아이와 직원이 서로 바라보며 싱긋 웃는다. 계산대에서는 이런 종류의 대화가 자주 오고간다.

"어제도 오셨는데 또 와주셨네요. 감사합니다."

"어제는 어머님이 오셨었는데, 오늘은 따님이 오셨네요."

"헤이즐넛 피칸 바게트를 자주 사드시네요. 가족들이 많이 좋아하시나 봐요."

"어머, 방금 사모님이 고구마 케이크를 사가셨는데 또 사가셔도 되시겠어요?"

이런 대화는 빵 쇼핑에 나선 고객들에게 또 다른 재미를 선사해준다. 쇼핑을 마무리 짓는 계산대. 그 앞에서 자칫 지루하게 기다려야만 하는 고객들에게 점원들은 친근하게 이야기를 건넨다. 자주 찾아주는 것에 대해 감사하고, 지난번에 사갔던 빵 맛이 어땠는지, 가족들의 안부는 어떤지, 빵을 매개로 서로 묻고 답할 수 있는 것이다.

이런 대화가 가능한 것은 바로 김영모 카드 때문이다. 계산대 직원이 아무리 비상한 기억력을 가졌다 해도 손님이 전에 사갔던 빵 이름까지 어떻게 기억하겠는가? 우리 가게의 고객 데이터베이스 프로그램이 전화번호를 입력하는 순간 모든 것을 가르쳐주는 덕분이다.

고객 데이터베이스를 구축해야 한다는 생각은 벌써 15년 전에 시작되었다. 서초동 6평 매장을 막 30여 평으로 확장한 후였다. 단골고객만 5~6천 명. 이벤트나 할인 행사를 할 때 가장 먼저 초청하고 싶은 분들이었다. 하지만 얼굴만 알 뿐, 이름이나 주소, 전화번호도 모르니 초대장을 보낼 도리가 없었다.

그래서 생각해낸 것이 데이터베이스였다. 동네 빵집이 별짓을 다한다는 소리도 들었다. 가뜩이나 정신없이 바쁜데 일거리가 하나 더 추가되는 셈이었다. 하지만 데이터베이스는 꼭 만들어야 했다. 6평에서 시작해 이만큼 성장시켜준 것도 단골고객들, 앞으로 더 큰 성장의 밑거름이 돼줄 것도 단골고객들이기 때문이었다.

그렇게 아무 지식도 없는 상태에서 데이터베이스를 만드는 일이 시작됐다. 그러나 중고 컴퓨터를 하나 구해다 매뉴얼을 놓고 정리하자니 피곤한 정신에 제대로 일이 될 리 없었다. 입력하는 속도도 느려 김씨 성을 가진 고객만 입력하는 데 한 달이 걸렸다. '컴퓨터는 너무 어렵다'고 탓만 하다 2~3년이 훌쩍 흘러갔다.

어느 날 일을 마치고 집에 들어와 TV를 켜니 명사들을 초청해 강연을 듣는 프로그램이 막 나오고 있었다. 이름도 기억나지 않지만, 그분의 말 만큼은 또렷이 기억이 난다.

"21세기는 노하우know-how의 시대가 아니라 노웨어know-where의 시대입니다. 예전에는 일명 팔방미인이 환영받는 시대였지만, 이제는 자기 전문 분야 하나만 잘하면 됩니다. 대신 필요한 일은 그 일에 도통한 전문 인력을 활용하면 되지요. 기업 경영자가 컴퓨터를 모른다고 부끄러워할 필요가 있을까요? 사장은 경영을 잘하면 됩니다. 컴퓨터는 그걸 잘 아는 직원을 고용해 맡기면 됩니다."

머릿속이 뻥 뚫리는 느낌이었다. '내가 왜 이걸 몰랐을까? 전문가에게 맡기면 될 것을 왜 그리 미련했을까?' 나는 아이들이 다니는 컴퓨터 학원에 문의해 데이터베이스에 능한 사람을 구했다. 자료를 건네주니, 우리 부부가 3년 동안이나 끙끙대던 일이 한 달 만에 해결됐다.

물론 처음 만들어진 고객 데이터베이스는 그저 주소록에 불과했다. 계속 전문가의 도움을 받아 판매 활용도가 높고 다양한 데이터를 연관시켜 저장할 수 있는 프로그램으로 보완해나갔다. 그래서 이제는 전화번호만 입력하면 고객의 쇼핑 기록이 모두 따라 나온다. 처음에는 개인별로 회원카드를 발급했지만, 현재는 빵을 구매하는 패턴 상 한 가족 전체를 한 그룹으로 묶어 관리하고 있다.

고객별로 선호하는 빵 취향을 파악하거나, 신제품을 런칭하는 대신 탈락시킬 옛날 제품을 고를 때, 고객들의 선호도 데이터를 바탕으로 선정하는 등 제품 관리에도 큰 도움을 주고 있다.

무료 행사나 이벤트에 초대하는 일 외에도 고객들의 생일, 결혼기념일 등도 입력해두었다가 사전에 케이크 할인 쿠폰을 보내기도 한다. 여기서도 나는 중요한 교훈을 얻었다. 처음 할인 쿠폰을 발급했을 때 처음 몇 년 동안은 회수율이 10퍼센트 정도밖에 되지 않았다. 하지만 이런 종류의 서비스는 일회적인 이벤트로 끝나선 안 된다. 고객의 반응이 없어도 꾸준히 포기하지 않고 신뢰를 심어주는 일이 중요하다. 그렇게 10년 가까이 꾸준히 쿠폰을 발행해 보내드렸더니 지금은 발행된 쿠폰의 80~90퍼센트가 사용되고 있다.

고액 구매자에게는 연말에 선물을 보내기도 한다. 총 200명 정도를 선정하는데, 놀랍게도 개인 고객 중에는 연간 500만 원을 넘게 구매하는 분도 있다.

이 연말 사은 행사와 관련해 한 가전업체 대표와 나눴던 이야기가 기억에 남는다. "가전회사에서는 100만 원 가량의 전자제품 하나 산 고객이 5~10년 후에 다시 자사 브랜드를 선택하게 만들기 위해 많은 투자를 합니다. 그런데 매일 들러주는 고객, 매년 100~200만 원씩 사주는 고객에게 아무 혜택도 주지 않는 제과업계를 보고 깜짝 놀랐습니다." 제과업계의 대고객 서비스에 대해 다시 한 번 생각해보게 해준 말이었다.

처음에는 5천 명 정도였던 단골고객 수는 지금 몇 배가 넘는 규모로 커졌다. 물론 지점들을 모두 합하면 그 수는 더욱 커진다.

지난 연말 송년회에서 나는 한 회원의 말을 듣고 김영모 카드가 고객 관리 이상의 더 큰 의미를 지닌다는 것을 깨달을 수 있었다.

"제가 김영모 카드를 가졌다는 게 자랑스럽습니다. 그저 단골 대접

받고 포인트 적립하려고 회원이 된 게 아닙니다. 저는 김영모 과자점의 빵과 과자를 사랑하고, 당신이 빵을 만드는 그 철학에 동의합니다."

가슴 뭉클한, 더 없이 고마운 말씀이었다.

|| **슈크림 식중독 사건** ||

서초동 매장을 연 지 얼마 되지 않았을 때의 일이다. 무더위가 때이르게 찾아온 6월이었다. 과자점으로 전화 한 통이 걸려왔다. 일가족이 우리 집에서 만든 빵을 먹고 모두 구토를 하며 쓰러졌다는 것이었다.

아내와 나는 하던 일을 팽개치고 부리나케 그 집으로 달려갔다. 설마 하며 달려갔는데, 생각보다 심한 상태였다. 어른이고 아이고 할 것 없이 바닥에 먹은 것을 다 토하고 심하게 열이 올라 쇼크 상태에 빠져 있었다. 눈앞이 캄캄했다. 얼른 구급차를 불러 병원 응급실로 모시고 갔더니 이틀 동안은 꼼짝 없이 입원을 해야 한다.

어째서 이런 일이 일어난 걸까? 문제가 된 슈크림 빵은 신선한 재료로 만들어 바로 어제 판 제품이었다. 많은 사람들이 똑같은 빵을 사갔지만 문제가 일어난 건 이 가족뿐이었다.

한편 억울한 생각이 들었다. 슈크림 빵에 들어가는 커스터드 크림의 재료는 밀가루와 옥수수 전분, 설탕, 우유, 달걀노른자가 전부다. 이 중에서 유통기한을 넘기거나 품질에 이상이 있는 재료는 하나도 없었다. 그나마 의심을 하자면 우유인데, 가족들에게 우유 알레르기가 있거나 소화력이 부족한 때문일 수도 있었다. 또 슈크림 빵을 먹기 전에 무얼 먹었는지에 따라서도 화학반응으로 인한 식중독을 일으킬 수 있었다.

하지만 변명거리를 찾을 때가 아니었다. 내가 만든 빵을 먹고 사람이 쓰러졌다. 언제나 최고의 품질, 건강한 빵을 선사하겠다고 약속했는데, 내가 만든 빵이 사람에게 독이 되다니! 그동안 좋은 빵을 만들기 위해 마음에 안 드는 빵은 모조리 쓰레기통에 버리면서까지 그렇게 노력을 해왔는데, 기능인으로서의 자존심이 와르르 무너져 내렸다. 죄책감에 고개를 들 수가 없었다.

너무나 충격적인 일이었기에 만 하루 동안은 손에 밀가루를 묻힐 엄두도 낼 수 없었다. 그 가족들은 우리 과자점을 고소할 생각까지 하고 있었다.

그 후 일주일 동안 아내와 나는 매일 그 집으로 출근을 했다. 미음을 끓여 먹이고, 청소와 빨래 같은 집안일을 도맡아 하면서 누워있는 가족들을 간병하며 끊임없이 용서를 빌었다. 그렇게 파출부처럼 들락거리며 계속 용서를 구하자, 가족들은 드디어 마음을 풀었다. 이런 일에 이렇게 정성을 들여 대처하는 것에 감동을 받았다며, 오히려 우리 빵을 앞으로도 계속 먹겠다고 하는 것이었다.

이 일 이후로 나는 더운 바람이 조금 불어온다 싶으면 슈크림 빵을 일절 만들지 않았다. 나 개인에게 엄청난 충격이었을 뿐 아니라, 하마터면 가게 문을 닫고 다시는 명예를 회복하지 못할 대사건이었던 것이다.

하지만 위기는 기회라고 하지 않았던가. 덕분에 나는 작은 것도 소홀하게 해서는 안 된다는 걸 깨닫고, 다시 한 번 공장 시스템 점검에 들어갔다. 전 제품의 재료가 제대로 관리되고 있는지 되짚고, 특히 위생 문제를 완벽히 훑었다. 슈크림 빵처럼 계절과 날씨, 온도 등에 민

감한 제품들은 위험시기를 분류하고, 그 시기가 오면 재료 관리와 조리 과정에 더 주의를 기울이거나 아예 생산을 임시 중단하는 원칙도 정하였다.

한편으로는 이 사건으로 인해 고객의 클레임에 대처하는 방법에 대해 많은 고민을 하였다. 당시에는 식품 사고가 일어나도 제대로 사과하는 기업이 없었다. 식품이라는 특성상 팔 때와 먹을 때의 시차가 있고, 체질이나 여러 변수가 작용할 수 있기 때문에 발뺌하면 그뿐이었다. 하지만 그런 식으로 어물쩍 넘어가면 가장 중요한 고객의 신용을 잃는다. 그리고 기능인으로서의 자부심도 땅에 떨어진다.

나는 앞으로 클레임이 들어오면 행여 고객이 제품을 잘못 관리해 벌어진 일이라도, 잘잘못을 따지기 전에 일단 모든 책임을 우리가 지기로 했다. 어쨌든 고객에게 제품을 제대로 관리하는 법을 알리지 못한 건 우리의 잘못이기 때문이다.

식중독 사건 이후로 품질에 관한 클레임이 서너 건 있었다. 대부분 고객의 관리 소홀 때문이었지만 우리는 무조건 사죄했다. 나와 아내를 비롯해서 임원들이 발이 닳도록 드나들며 고개를 수그리고 용서를 비니, 고객들이 오히려 클레임을 계기로 감동을 받았다.

그리고 가장 행복한 결과는 바로 그 고객들이 모두 우리 과자점을 다시 찾아주셨다는 것이다. 슈크림 빵을 먹고 식중독에 걸렸던 그 가족 역시 지난 22년 동안 변함없이 우리 가게 단골이다.

불만을 토로하는 고객이 충성 고객

얼마 전 한 매장 직원이 불평을 했다. 달지 않은 빵을 권해달라고 해서 권해주었는데, 이틀 후에 너무 달다며 교환을 하러 왔다는 것이다. 달지도 않은 빵을 달다고 트집 잡는 것도 야속하고, 절반 이상 먹은 것을 이틀 만에 교환하는 것도 너무 심하다는 것이었다.

나는 생각을 조금 달리 해보자고 직원을 설득했다.

"고객의 불만은 고마운 것입니다. 불평하는 고객이야말로 진정한 고객입니다. 그분들은 우리가 무엇을 개선해야 할지 알려주는 소중한 교사입니다. 그러니 억울해하지 말고 더 좋은 서비스를 할 수 있도록 개선합시다."

제과점을 오래 경영해본 사람들이라면 내 말이 무슨 뜻인지 잘 알 것이다. 고객의 의견은 너무나 다양해서 모든 고객을 만족시킬 접점을 좀처럼 찾기 힘들다. 여러 의견을 수렴해 어렵사리 신제품을 만들어도 시간이 지나면 또 다른 불만 사항이 발견된다. 하지만 그것 역시 모두 우리가 전혀 몰랐던 소중한 지적이다. 그 지적을 통해 우리는 제품을 개선시킬 수 있다. 그러니 불만을 그대로 말해주는 고객들은 얼마나 고마운 존재인가!

물론 고객의 불만을 들으면 짜증이 나기도 하는 게 인지상정이다. '달지도 않은 빵을 왜 달다고 할까, 쉬지도 않은 재료를 왜 쉬었다고 할까?' 억울하기도 하다. 하지만 고객의 기호는 정확하다. 다니까 달다고 하는 것이고, 쉬었으니까 쉬었다고 하는 것이다. 절대로 억울해할 일이 아니다.

단팥빵을 사간 100명의 고객 중에 단 한 명만 불만을 말한다면 그저 트집에 불과할까? 그렇지 않다. 아마도 불만이 있었던 10명 중 9명이 그냥 묵인하고, 단 한 명만 표현한 것일 가능성이 많다. 한 명이 불만이 있다면 그 10배의 고객들이 불만을 가지고 있을 공산이 크다고 보면 정확하다. 그러니 불만을 말해주는 게 얼마나 고마운가. 시간을 내고 하기 싫은 말을 해야 하는 신경까지 쓰면서 무료로 소중한 정보를 제공해주는 것이다.

앞서 말한 슈크림 빵 식중독 사건이 없었다면 고객의 체질에 따라 특정 음식과 커스터드 크림을 같이 먹으면 식중독을 일으킬 수도 있다는 걸 어떻게 알았겠는가? 제품을 3일 동안 냉장고에 넣어두었다 먹었는데 배탈이 났다며 클레임을 건 분이 없었다면, 고객들에게 제품의 보관 방법이나 유통기한을 좀더 철저히 안내해야겠다는 생각을 어떻게 할 수 있겠는가? 그러니 고객의 클레임은 옳고 그름이나 잘잘못을 따질 사안이 아니라, 무조건 고맙게 수용해야 할 사안이다. 적극적으로 대처한다면 클레임도 기회가 된다.

타협해야 할 것과 타협하지 말아야 할 것

|| 로스를 줄이면 경영이 웃는다 ||

1998년 IMF가 닥치고 재료 값이 연일 폭등 기록을 갱신할 때, 나는 크게 당황했다. '이젠 공장장이 아니라 경영자구나!' 하는 걸 그때처럼 실감했던 적이 없었다. IMF 전까지 나는 빵 만드는 일만 고민하면 됐다. '어떻게 하면 더 맛있게 더 좋은 재료로 참신한 신제품을 만들까?' 내 머릿속에는 이런 고민만 가득했다.

그러나 위기가 닥치자 나는 어려운 결정들을 속속 해내야 했다. 치솟는 재료비, 부담스러운 인건비, 제품가 인상의 압박, 매출 급감….

'동고동락한 직원을 해고할 수 없다', '월급을 깎을 수 없다' 이 두 가지는 절대 깨뜨릴 수 없는 철칙이었다. 그러고 나니 내가 할 수 있는 선택은 두 가지밖에 없었다. 당장에 직원들을 불러 모았다.

"재료값이 상승했으니 일단 판매가를 올려야겠습니다."

임원들은 충격에 휩싸였고 직원들은 웅성거렸다.

"월급은 깎을 수 없으니 비용을 줄여야 합니다. 그렇다고 싸구려 재료를 쓸 수도 없습니다. 그러니 모두들 로스를 줄이는 데 전력해주십시오."

경악할 노릇이었다. 임원들은 당장 가슴이 아파도 직원 몇 명을 정리하고 월급도 재료비도 판매가도 모두 낮춰야 한다고 난리였다. 그렇게 해도 팔릴까 말까 한데 빵 값을 올리겠다니, 자살골이라도 넣으려는 거냐고 성화였다.

하지만 내가 할 수 있는 최선의 선택은 그것뿐이었다. 목에 칼이 들어와도 빵의 품질은 지켜야 했다. 재료비가 올랐다고 질 낮은 재료를 쓴다면, 고객들은 영원히 등을 돌릴 게 분명했다.

나는 고객들에게 이해를 구하고 빵 값을 올렸다. 놀랍게도 손님들은 나의 결정을 수긍해 주었다. 빵이 비싸다고 발길을 끊지 않고 계속 찾아주었다. 대신 매장을 나가는 분들의 장바구니가 조금 가벼워졌을 뿐이었다. 매출은 줄었지만 북적거리는 활기찬 분위기만은 없어지지 않았다.

빵 값을 올려도 재료비 상승 부담은 해소되지 않았다. 로스를 줄여서 재료를 아껴야 했다. 직원들은 너도 나도 팔을 걷어붙였지만 눈에 띄는 변화는 일어나지 않았다. 무엇이 문제일까? 나는 공장에 들어가 직원들이 일하는 모습을 관찰했다. 3시간 만에 답이 나왔다. 다들 노력은 하고 있었지만 방법을 몰랐다. 로스를 줄이는 일은 공정을 진행하는 각자의 몫이 아니라, 전체 제조 공정을 총괄하는 내가 해결해야 할 문제였던 것이다.

그날 이후로 나는 다시 작업복을 입고 공장으로 출근했다. 매일 아침 6시부터 저녁 8시까지 직원들과 똑같이 일하면서 로스 줄이기에 착수했다.

예를 들어 파이가 들어간 롤 케이크가 있다. 맛있게 구워진 파이를 롤 케이크로 단단히 싸서 만드는 것인데, 자세히 보니 파이 개수와 롤 케이크의 개수가 정확히 맞아떨어지지 않았다. 반죽을 한 번 할 때마다 롤 케이크는 50개가 나오는데 파이는 꼭 서너 개씩 남는 것이었다.

남은 걸 냉장고에 두었다가 다시 쓰려니 부서지는 경우가 많아 그냥 쓰레기통 행이 돼버린 것이다.

나는 배합비를 조정했다. 파이가 서너 개 덜 나오도록 재료를 줄이는 간단한 작업이었지만, 반죽하랴 성형하랴 바쁜 직원들이 할 수 있는 일이 아니었던 것이다.

조각 케이크를 만들 때도 로스가 생겼다. 케이크를 정확히 5센티 두께로 써는 데만 집중하느라 남은 2센티가 그냥 쓰레기통에 버려진다는 것을 간과하고 있었던 것이다. 만약 10조각이 나올 수 있는 케이크에서 2센티의 여분이 생긴다면 조각당 1~2밀리씩 두께를 줄이되 케이크 크기를 늘려 양을 유지하면 된다.

나는 이런 식으로 제품 하나하나마다 로스를 줄여나갔다. 모든 제품을 다 훑고 배합표와 크기, 디자인 등을 다시 구성하는 데 3개월이 걸렸다.

이렇게 경영자가 직접 나서서 로스 줄이기에 앞장을 서자, 직원들 내에서도 아이디어가 쏟아져 나왔다. 3개월 후에 재료비 감소분을 계산해보니 상당한 돈이었다. IMF라는 위기가 아니었으면 그런 잉여 지출이 있는 줄 전혀 몰랐을 것이다.

그 이후로 우리 가게는 정기적으로 로스 줄이기 운동을 펼치고 있다. 아무리 시스템을 재정비해도, 시간이 지나면 낡은 룰이 되어 빈틈이 생기게 마련이다. 그래서 적어도 6개월마다 내가 직접 공장에 가서 작업 방식을 지켜보며 어디서 재료가 새어나가고 있는지 관찰한다.

IMF는 내 제과 인생 전체를 통틀어 가장 힘든 시기 중 하나였지만, 이 시기를 통해 경영의 소중한 교훈을 얻을 수 있었다.

|| 토요일엔 서두르세요 ||

　　　　　　　　　　2004년 크리스마스 시즌은 주말 황금연휴와 맞물려 유난히 바빴다. 크리스마스 이브인 금요일부터 케이크와 쿠키 주문이 쇄도하기 시작했다. 특히 복고풍 롤 케이크는 전시한 지 3시간 만에 300개 전량이 동날 정도로 반응이 폭발적이었다. 이브와 성탄절 당일에는 김영모 과자점의 역대 최고 판매기록이 갱신되었다. 본점과 도곡타워점에서만 1만 개 이상이 판매된 것이다.

　대목을 앞두고 한바탕 전쟁을 치르려면 무기와 화약고를 점검하고 병사들의 체력도 체크해두어야 하는 법이다. 경험이 많은 우리는 이미 3일에 걸쳐 전 직원이 두 조로 나뉘어 공장을 24시간 풀가동해야 한다는 것을 알고 있었다.

　빵집에서는 일 년에 네다섯 차례씩 이런 비상사태가 벌어진다. 크리스마스 시즌이 그 중 으뜸이고, 어린이날에서 스승의 날까지 5월의 열흘, 연인들의 기념일인 발렌타인데이와 화이트데이, 그리고 설날 연휴가 그것이다. 그때마다 우리는 한 달 전부터 그 시즌에 어울릴 제품 아이디어를 놓고 씨름을 벌인다. 최근 몇 년 동안의 판매 데이터를 놓고 올해의 판매량을 예측하고, 그만큼을 구워내기 위해서 공장의 작업 스케줄을 어떻게 조종해야 할지 의논한다.

　이렇게 시스템화되기까지는 많은 시간이 걸렸다. 크리스마스가 다가오는데도 케이크를 얼마나 만들어야 할지 감이 서질 않아서 대충 가늠해 만들어놓았다가 너무 많아 다 팔지 못하거나 너무 적어 발을 동동 구르기 일쑤였다.

　로스는 제작 공정에서뿐 아니라 판매에서도 생긴다. 100개가 팔릴 단팥빵을 150개 만들어 놓으면 50개는 버려진다. 그렇다고 100개 팔릴 것을 80개를 만들어 놓으면 20명의 손님들이 실망을 한다. 빵집은 늘 빵으로 흘러넘쳐야 한다. 절대로 모자라다는 느낌을 주어서는 안 된다. 그러니 적어도 105개는 만들어 100명의 손님을 만족시키고도 5개는 여분이 생기도록 여유를 둬야 한다.

그래서 나는 매일 빵 종류별로 판매 기록을 적고 그것을 주별, 월별, 분기별로 정리하는 습관을 들였다. 처음에는 일일이 손으로 했지만 컴퓨터의 도움을 받으니 상품 코드만 찍으면 데이터가 저절로 나온다. 오늘 판매된 패스트리 식빵과 바이킹 식빵의 개수는 몇 개인지, 새로 개발한 연유 바게트와 명란알 바게트 판매는 꾸준히 늘고 있는지, 이런 기록들을 토대로 내일의 생산량을 결정하고 제품의 반응도 체크한다.

그뿐이 아니다. 하루에 300개씩 줄기차게 팔리는 제품이라도 내일이 월요일이고 찌는 듯이 무덥다면, 생산량을 250개 정도로 낮춰야 한다. 토요일에다가 화창한 가을 날씨라면 400개 정도로 치솟을 수도 있다. 또, 같은 가을이어도 낙엽이 떨어지는 운치 있는 가을날과 비가 주룩주룩 내리는 가을날의 수요가 달라진다. 기존의 판매 데이터에 덧붙여 계절, 날씨, 기온, 요일 등의 모든 요인에 촉각을 기울이지 않으면 예측은 실패로 돌아가는 것이다.

미디어 시대인 요즘은 뉴스도 판매를 좌우한다. 너트 류에서 발암물질이 발견됐다는 뉴스가 나오면 멀쩡하게 잘 나가던 너트 류 제품의 수요가 하루아침에 곤두박질친다. 아침에 이 뉴스를 챙긴 공장장은 얼른 제조량을 줄이고 너트를 다른 재료로 대체하는 등 신축성 있게 대처한다.

다행히 우리 빵집은 다른 가게들과는 달리 하루 서너 번씩 빵을 구워내기 때문에 수요에 신축성 있게 대처하기가 수월하다. 일단 50개를 구워서 반응을 체크하고 찾는 사람이 많으면 100개를 더 굽는다. 오후까지도 계속 잘 팔리면 세 번째 구워낼 때도 100개를 굽는다. 하지만 갑자기 예고 없이 소나기가 내린다면 그날 장사는 실패한 것이다. 아무리 촉각을 기울여도 예고 없는 소나기에는 당할 재간이 없다.

수요 예측과 재고를 줄이는 일은 작은 빵집들일수록 아주 어려워하는 부분이다. 그런 분들에게 나는 데이터를 만드는 것부터 시작하라고 말씀드리고 싶다. 당장 전산화를 해야 한다는 부담을 가질 필요는 없다. 종류별로 매일 빵이 얼마나 팔렸는지, 특히 크리스마스 같은 대목 때 판매량이 어떻게 바뀌는지, 지역의 문화에 따라 요일별로 수요가 어떻게 달라지는지, 이런 것은 컴퓨터가 없어도 경영자가 충분히 파악해낼 수 있다.

우리 동네 건너편 대치동에 유명한 '총각네 야채가게'가 있다. 채소와 과일, 생선까지 취급하지만 냉동고가 없는 것으로 유명하다. 그날 들어온 물건은 그날 다 팔기 때문에 냉동고가 필요 없다는 것이다. 재고율 제로가 될 수 있는 이유는, 욕심을 부리지 않고 예측된 수요의 10퍼센트를 덜 준비하기 때문이라고 한다.

하지만 빵은 채소나 생선과는 달리 조금 남더라도 5퍼센트 더 준비해야 한다는 게 내 생각이다. 저녁 무렵 거의 모든 빵이 팔려나가 매장이 텅 빈 느낌이 들기 시작하면, 손님들은 들어오려 하다가도 실망해 발길을 돌린다. 하지만 5퍼센트가 남아 있으면 늦게라도 빵을 살 수 있어 다행이라며 오히려 우리에게 고마워한다.

이렇게 해서 우리 가게는 늘 재고율 3~4퍼센트를 유지한다. 아주 판매가 잘 된 날은 재고율이 1~2퍼센트로 내려가기도 하고, 그렇지 않은 날은 6퍼센트로 오르기도 한다. 하지만 재고는 선물이 되기도 한다. 직원들은 그날 만들어 팔고 남은 빵들을 저렴한 가격에 구입하는 특권을 누린다. 그러고도 남은 빵은 다음날 아내가 근처 고아원이나 양로원에 들고 가서 드시게 한다. 그래서 영업이 종료될 시간이 다가오면 매장 직원들이 내심 빵이 좀 남았으면 하고 목을 빼고 기대하는 모습을 볼 수 있다.

‖ 케이크는 치마 길이에 맞춰 춤을 춘다 ‖

불황엔 아가씨들의 치마 길이가 짧아진다는 말이 있다. 올해도 봄이 되기가 무섭게 아가씨들이 엉덩이가 보일랑 말랑 하는 짧은 치마를 입고 거리를 거니는 걸 볼 수 있었다. 여름이 되니 어깨가 시원하게 드러난 민소매 티셔츠에 핫팬츠 차림의 여성들이 자주 눈에 띈다. 최근에는 긴 치마가 다시 유행하기 시작했는지 캉캉 춤을 추는 무희들의 스커트처럼 러플과 셔링이 잔뜩 잡힌 화려하고 풍성한 패션이 자주 눈에 띈다.

나는 이러한 변화를 포착하면 매장에 내려가 케이크 디자인부터 점검해본다. 진열장 윈도를 살펴보면서, 과연 지금 디자인이 괜찮은 건지, 더 좋게 변형시킬 방법은 없는지 고민을 해본다.

불황이 아가씨들의 치마 길이와 디자인까지 바꿔놓는데, 하물며 케이크 디자인에는 왜 영향을 안 끼치겠는가?

벤처 호황을 누렸던 1999~2000년 사이에 우리 가게 케이크 디자인은 미니멀 일색이었다. 그때는 장식이 많은 화려한 케이크보다 심플하고 세련된 디자인이 고객들의 환영을 받았다. 케이크 높이도 두껍거나 여러 단을 쌓은 것보다, 젠zen 스타일의 침대처럼 납작한 케이크가 선호됐다.

하지만 벤처 거품이 빠지고 IMF 때보다 더한 불황이라고 하는 요즘은, 바라만 봐도 머릿속이 몽롱해질 정도로 화려하고 환상적인 디자인이 활개를 치고 있다. 부피도 커져서 크고 푸짐하고 높을수록 사랑을 받는다. 색색의 말린 열대 과일을 넣어 알록달록한 파운드케이크를 만들었더니 손님들이 보면서 탄성을 질렀다. 예전 같으면 촌스럽다고 할 정도의 과장된 장식도 요즘 손님들은 마냥 즐거워한다.

세상의 모든 물건들이 그렇듯, 빵 역시 시대와 유행에 따라 자꾸만 바뀐다. 지난해에 잘 팔렸던 케이크를 그대로 만들어놓으면 손님들은 모두 외면한다. 달라진 코드를 읽어 반영해야만 오늘의 디자인으로 받아들여지는 것이다.

2004년 크리스마스에 히트를 쳤던 복고풍 롤 케이크가 그 좋은 예다. 롤 케이크는 1980년대까지 유행했다가 고급 시폰 케이크와 생크림 케이크에 밀렸던 제품이다. 나는 언젠가 써먹을 날이 있으리란 생각에 그때의 기록과 배합비를 그대로 갖고 있었다. 그러다 크리스마스 제품을 기획하면서 그 생각이 떠올랐다. 롤 케이크는 다른 케이크에 비해서 저렴하면서도 부피가 크고, 또 모양이 둥글어서 크리스마스에 맞는 동화적인 디자인이 가능하다. 보통 롤 케이크는 안에 시럽이나 생크림을 발라 돌돌 말아 길쭉한 상자에 담아내는데, 나는 그 고정관념을 깨보기로 했다.

즉 롤 케이크를 반으로 잘라서 하나는 눕히고 하나는 세운 상태에서 장식을 한 것이다. 버터 초콜릿 크림을 맛있게 만들어 전체적으로 곱게 바르고 알록달록 예쁜 설탕 장식물을 올리고 산타클로스 조각도 올렸다. 이렇게 탄생한 롤 케이크는 화려하면서도 저렴하고 맛도 좋아 의외의 히트작이 되었다.

나는 윈도 베이커리 경영자들을 만날 때마다 뉴스나 신문, 책, 특히 베스트셀러를 많이 읽으라고 말한다. 젊은 여성들의 헤어스타일과 패션도 눈여겨보라고 말한다.

슈퍼마켓에서 파는 양산 제과에서도 새로운 아이디어를 찾을 때가 많다. 특히 이런 제품들일수록 유행에 맞춰서 감각적으로 탄생하기 때문에 거기서 읽고 응용할 수 있는 메시지가 많다. 1990년대 초반에 유행했던 초코 찰떡파이가 왜 지금 다시 초등학생 꼬마들 사이에 유행하는 것일까? 검은깨 검은콩을 넣은 과자들이 유행하는 이유는? 빼빼로가 아직도 건재한 이유는? 빼빼로는 이름은 그대로지만 아몬드를 묻히거나 치즈를 첨가하거나 겉에 묻혔던 초콜릿을 안으로 집어넣는 등, 시대에 맞게 계속 진화를 거듭하고 있다. 심지어 원본 그대로일 것 같은 불후의 히트상품인 초코파이나 새우깡조차 모양과 포장 디자인만큼은 조금씩 달라져왔다.

정체되어서는 안 된다. 고여 있어서는 안 된다. 원칙과 정통성을 지키며 한 자리에서 고집스럽게 버티되, 새로움을 받아들이고 발전해야 한다.

이 빵 먹고 힘내세요

|| 지역사회와 빵을 나누는 의미 있는 일 ||

쑥스럽게도 몇 년 전 MBC에서 방영된 '박상원의 아름다운 TV-얼굴'이라는 프로그램에 내 얼굴이 나온 적이 있다. 남모르게 선행을 하는 사람들을 릴레이 형식으로 찾아 소개하는 프로그램이었는데, 아마도 누군가가 17년째 빵으로 봉사를 하고 있는 사람이 있다며 제보를 한 모양이다. 방송사 측에서 역추적을 해 내게 연락을 해왔다. 성경에도 오른손이 할 일을 왼손이 모르게 하라고 했는데, 워낙 좁은 세상이다 보니 결국은 알려지게 되고 말았다.

이런 저런 이야기를 나누고 있는데 방송국 PD가 대뜸 생각났다는 듯이 질문을 던졌다.

"그 동안 무료로 기증하신 빵이 총 얼마나 될까요?"

이제까지 한 번도 생각해보지 못한 주제였다. 대충 끄적거리며 계산해보니 내가 다니는 교회를 통해 양로원이나 고아원에 보내는 수량이 케이크를 포함해서 한 달이면 빵 2천 개 정도 됐다. 매일 아내가 방문해 전달하는 것과 협회 동료들과 합심해 보내는 것을 제외해도 지난 17년 동안 대략 40만 개의 빵을 보내온 것이다. 한 개의 단가를 계산하면, 총액이…. 갑자기 머릿속이 아찔해졌다. 수량을 세다 보니 마음 한구석에서 '너무 많이 보낸 거 아니야?' 하는 생각이 밀고 올라왔던 것이다.

나는 이내 반성을 했다. 그리고 깨달았다. 봉사는 순수한 마음으로 해야지 절대 계산하고 따지면 안 된다는 것을.

내 이름을 단 제과점 간판을 올리면서부터 나는 줄곧 빵을 통한 봉사를 해왔다. 빵은 참으로 신비한 존재였다. 빵은 사람들에게 생명도 주고 소중한 추억도 주고, 가족과 연인이 하나로 모이게 하는 매개체가 되어준다. 또 한편으로 빵은 가난하고 외롭고 배고픈 사람들에게 따뜻한 위로가 된다. 좋은 빵을 만들어 많이 파는 것도 의미 있지만, 내가 만든 빵으로 가난하고 소외된 사람들의 마음을 달랠 수 있다면 얼마나 멋진 일인가.

우리가 가장 먼저 빵을 보낸 곳은 서대문에 있는 무의탁 결핵 환자 보호시설이었다. 나 스스로 젊은 시절 결핵에 걸려보았기 때문에 환자들의 고통이 얼마나 심한지 알고 있다. 결핵 자체가 어둡고 외로운 병인데, 거기에다 의지할 가족마저 없으면 환자의 마음은 자포자기 상태가 된다. 이런 분들이 내 빵을 씹는 순간만큼은 그런 어둠에서 벗어나올 수 있기를 바랐다.

직접 그 곳을 방문해 빵을 나눠드린 적도 있었는데, 환자분들이 내 손을 잡으며 고맙다고 이야기할 때마다 울컥 하며 눈물이 나왔다. 그 중에는 내 빵을 기다리는 낙으로 지낸다는 분도 있었다. 이 작은 빵이 그분들에게 위안과 힘이 될 수 있다는 사실이 너무나 기뻤다.

이후로 서울 시립 부녀보호소, 서초구 정신지체 아동 시설인 다니엘 학교, 서초구 구립 노인정 등에 내가 다니는 교회 이름 명의나 대한제과협회 명의로 빵을 보내고 있다.

이 중 다니엘 학교에 봉사를 하게 된 사연이 기억에 남는다. 이 학교는 원래 성동구에 위치했었는데 땅 주인이 바뀌는 바람에 하루아침에 오갈 데 없는 신세로 쫓겨나고 말았다. 마침 서초 구청장이 예전에 성동 구청장으로 일하면서 이 단체와 알고 지냈기 때문에 서초구에 어렵사리 공간을 마련해서 학교를 옮길 수 있게 되었다.

그런데 막상 옮기고 나자 100여 명이나 되는 아동들이 오후 2시만 되면 일제히 발을 구르면서 "빵! 빵!"하고 외치는 것이었다. 성동구에 있을 때는 건국대학교에서 매일 2시에 빵을 가져다주었는데 아이들이 그걸 기억하고 빵을 달라고 한다는 것이었다. 늘 반복되던 일과가 없어지자 혼란이 온 모양이었다.

구청장에게서 그 이야기를 들은 나는 잠이 오질 않았다. 그래서 협회에 소속돼 있는 몇몇 제과점에 연락해 함께 돌아가며 빵을 지원하기로 약속을 했다. 그렇게 시작된 봉사가 올해로 10년을 맞고 있다.

하늘이 주신 선물에 보답하는 길

나에게 봉사의 진정한 의미를 깨닫게 해준 건 고아원에서 만난 한 소녀였다. 제과점을 시작한 지 얼마 안 되서 강남 서초 제과협회에서 연말에 케이크를 모아서 고아원을 방문한 적이 있다. 케이크를 전달하고 있는데, 추운 날씨에 밖에서 한 여자아이가 나무 밑 의자에 앉아 울고 있는 모습이 보였다. 무슨 일인가 살피러 그애 곁으로 다가갔더니 아이가 서운한 기색이 가득한 눈으로 이렇게 얘기하는게 아닌가.

"아저씨들, 제발 오지 마세요. 생전 우리들은 생각도 않고 살다가 연말이라고 와서 사진이나 찍고 가고. 우리가 뭐 동물원 원숭인가요?"

충격이었고, 많은 생각을 하게 하는 한 마디였다. 일회성으로 끝나는 것은 봉사가 아니다. 또 일방적으로 주었으니 우쭐하게 여기는 것도 봉사가 아니다. 소리 없이 꾸준하게, 바쁘고 돈이 없을 때도 세 끼 먹을 것을 두 끼만 먹고 하는 게 봉사다. 또 진정으로 마음을 나누고 당연히 해야 할 일을 하고 있음에 겸허해지는 게 봉사다.

세상에 알려지지는 않았지만 기능인 중에 봉사에 열성적인 사람들이 참으로 많다. 내가 아는 작은 제과점의 주인은 지역의 결식아동을 조사해서 직접 아르바이트생을 고용해 매일 빵을 배달해준다. 그런 사람들일수록 넉넉하지 않은 경우가 많다.

기능인에게 기술은 하늘이 주신 선물이다. 그 선물에 대해 자신이 가진 능력을 다해 보답하는 길은 어려운 이웃과 나누는 일이다. 또한 지역에서 지역 주민들을 대상으로 영업을 하는 사람이라면 당연히 그 일부를 지역사회를 위해 환원해야 한다. 그것이 우리 가게를 잊지 않고 찾아주는 고객들에 대한 기본적인 예의다.

5

좋은 경영, 맛있는 성공

언제, 어디까지 성장할 것인가

|| **빵인가, 돈인가** || 최근 들어 김영모 과자점을 개설하고 싶다는 문의가 부쩍 늘었다. 2004년에만도 일산, 분당, 평촌, 용인 같은 신도시뿐 아니라 대전, 부산 같은 지방 도시, 심지어 미국 L.A. 등 40여 군데에서 김영모 과자점 분점을 내고 싶다는 문의가 왔었다.

결론부터 말하자면 나는 그 모든 문의에 대해 정중히 거절의 의사를 전했다. 해본 사람은 알겠지만, 사실 '예'라고 말하기보다 '아니오'라고 말하기가 훨씬 어렵다. 나는 나름대로 충실하게 거절의 이유를 설명했지만, 대부분 사람들은 여전히 이해할 수 없다는 표정이다. 그분들의 눈에는 내가 성장을 위한 절호의 찬스를 놓치고 있는 것으로 보

였기 때문이다. 그들은 이렇게 묻는다.

"김영모 과자점은 성장을 원하지 않습니까?"

그렇지 않다. 나는 성장하기 위해 부단히 노력한다. 하지만 동시에 그것에 집착하지 않으려고 노력한다. 성장이 목적이 되는 순간 내가 지켜야할 중요한 것을 잃어버리기 십상이기 때문이다.

창업을 하려는 후배들이 내게 조언을 구하러 오면 나는 먼저 이렇게 묻는다.

"왜 가게를 하려고 하나?"

그때 "돈을 벌려고요"라고 대답하는 후배가 있으면 나는 더 생각해보라고 충고하며 돌려보낸다. 기능인은 돈보다 제품을 우선순위에 두어야 한다. 돈을 벌려고 하는 그 순간부터 사업은 실패의 길로 들어서기 쉽다. "내가 돈을 벌기 위해 빵을 만든 적이 있다고 생각하나? 나는 한 번도 돈을 목적으로 빵을 만들지 않았어. 기능인은 오로지 좋은 제품을 만들기 위해 최선을 다할 때 성공도 따라오는 거야." 이렇게 말하면 고개를 끄덕거리며 돌아가는 후배도 있지만 끝내 갸웃거리는 친구도 있다.

내게 돈이나 성장보다 더 중요한 가치는 '맛있는 빵을 만드는 것' 이다. 만약 당장의 양적 성장이 질적 정체, 혹은 질적 후퇴를 초래한다면 김영모 과자점은 모든 준비가 될 때까지 기다리기를 선택한다. 그렇게 하지 않는다면 지금보다 더욱 맛있는 빵을 만들겠다는 애초의 목표를 상실하고 엉뚱한 목표에 매달리게 되기 때문이다.

주변에서 이런 예를 많이 본다. 작은 빵집을 차려 3~4년 정도 경영해 어느 정도 유명세를 쌓았다. 주변에서 체인 문의가 들어오기 시작한다. 한두 점 체인을 내주고 성공적인 반응을 얻으면 이제 적극적으로 체인을 모집하기 시작한다. 같은 간판을 걸게 하고 하루 이틀 교육을 시키는 것만으로 엄청난 돈을 벌어들인다. 빵을 팔던 사업이 이제는 체인을 파는 사업으로 바뀌게 되는 것이다.

여기에는 함정이 있다. 돈을 버는 게 너무 쉬워지면 사람들은 어려운 일을 버리고 쉬운 일에 집중하게 된다. 한때는 빵의 품질을 위해서 목숨이라도 내놓을 정도로 철저했던 기능인이, 이제 사무실에 앉아서 가맹 예정자가 계약서에 도장을 찍어주기만을 초조하게 기다리는 사업가가 되어버린다. 두세 배씩 가맹점을 늘리고 성장하는 재미에 빠져 빵을 등한시하게 되는 것이다. 빵과 성장, 두 가지 모두를 다 잡으며 발을 맞춰가기란 쉬운 노릇이 아니다. 성장의 그 아찔한 스피드는 정말 중요한 것을 잊게 만드는 마력이 있기 때문이다.

김영모 과자점은 태생부터 거대 성장을 목표로 만들어진 프랜차이즈 제과점과는 다르기 때문에 눈 뜨면 매장이 몇 개씩 생기는 스타벅스나 월마트식 초스피드 성장은 없을 것이다.

남들이 보기엔 내가 좋은 성장의 기회를 거부하고 제자리를 지키는 데 만족하는 것처럼 보일지 모르지만, 나는 지킬 것은 지키며 성장한다는 원칙 아래 열심히 일하고 있다. 김영모 과자점은 이렇게 착실히 성장할 것이다. 1982년 첫 가게로 시작해서 총 4개의 점포로 성장하기까지 20년이 걸렸다. 내 평생 노력해도 10개를 채우기 힘들 것 같다. 그 이상 욕심을 부리는 건 무리라고 생각한다.

어떤 사업이든 '지켜야 할 가치'와 '성장이라는 목표'는 양손의 떡이다. 분명히 어느 시점엔가는 둘 중 하나를 선택해야 하는 순간이 오고야 만다. 리더가 이것을 결정하는 순간, 사업의 본질은 180도 회전해 돌이킬 수 없는 길에 들어선다.

가치를 지킬 것인가, 급성장을 할 것인가? 빵인가, 돈인가?
나의 선택은 언제나 빵이었다.

최고의 경영, 최고의 마케팅은 최고의 제품을 만드는 것에서 시작한다. 그러기 위해서 우리는 외국인 기술 고문을 초빙해 그들의 새로운 기법을 배우는 동시에 우리만의 고유한 재료를 접목시켜 한국인의 입맛에 맞는 독특한 제품을 개발하는 일도 게을리하지 않는다.

건강한 네트워크 만들기

지점들을 관리하는 일은 늘 나에게 신선한 도전이다. 그러나 한편으로는 깊은 고민에 빠지게 될 때가 있다. 하나의 가게를 홀로 운영하던 때와는 다른 원칙, 또 그 원칙조차 때에 따라서는 파기할 수 있는 융통성이 동시에 요구되기 때문이다. 지점 간의 원활한 커뮤니케이션을 유도하고, 보이지 않는 경쟁심을 조절하고, 전 지점이 지켜야 할 규칙을 관철하되 각 지점 고유의 영역을 발견하고 인정해주는 일은 네트워크 관리자의 역할이다. 이 과정에서 리더로서의 내 자질은 종종 도전을 받는다.

지점의 점주들은 모두 15~20년간 내 밑에서 빵을 만들었던 기능인 출신의 테크노 CEO들이다. 각각의 빵집에는 모두 각각의 빵 공장이 있다. 그리고 우리는 서로 동의 하에 같은 품질의 똑같은 빵을 동시에 구워내기로 약속했다.

하지만 기본 원칙을 지키는 각각의 지점들도 때로는 일탈을 꿈꾼다. 본사가 요구하는 지시사항을 그대로 이행하는 건 답답하고 재미가 없기 때문이다. 독립과 자유, 이것은 빵집을 운영하는 점장이라면 누구나 원하는 것이다. 이들은 저마다의 아이디어를 내 빵이나 매장 분위기를 바꾸기 시작한다. 그러나 때로는 그 아이디어가 공유할 가치가 있는 훌륭한 것인 경우도 있지만, 전체 시스템에는 어울리지 않거나 해당 지점에만 적합한 경우도 있다. 이런 경우에 네트워크의 중심에 서 있는 나는 어떤 판단을 내려야 할까?

이런 고민은 대형 프랜차이즈에선 할 수 없는 성격의 것이다. 한 가맹점 점주가 신제품에 관한 좋은 아이디어를 떠올렸다고 해도 그것을 제품화할 힘이 그에겐 없다. 오직 본사의 신제품 개발팀 직원들만이 그럴 힘을 갖고 있다.

그러므로 자유로운 의견교환과 지점 각자의 독창성은 오직 윈도 베이커리만의 장점이다. 나는 당연히 지점들의 서로 다른 생각들을 아주 즐겁게 받아들였다. 나 역시 지점들이 명령대로 움직이는 로봇이나 꼭두각시가 되는 것은 싫었다. 나는 한 지점 공장의 말단 직원의 기발하고 엉뚱한 상상력까지도 지점들이 동시에 공유할 수 있는 열린 시스템을 원했다. 서로 좋은 의견을 나누고 받아들이고, 나쁜 점은 과감히 비판할 수 있는 발전적인 관계가 되기를 바란 것이다.

그러나 절대로 양보할 수 없는 원칙은 빵의 품질이다. 만약 원가를 낮추려고 저급의 밀가루를 쓴다거나 유통기한을 지키지 않은 재료를 쓰는 지점이 있다면, 그 책임자는 가차없이 퇴장 당해야 할 것이다. 내가 직영점을 고집하는 이유도 이런 문제가 발생할 위험성을 없애기 위해서다. 우리 점주들은 모두 오랫동안 내 곁에서 일했던 사람들이라 내 성격을 누구보다도 잘 알고 있다. 빵에 관한 한 조금의 양보도 없다는 것을 말이다.

각 지점의 점장들과 공장장, 부공장장들은 모두 매주 화요일에 모여 회의를 갖는다. 공장 문도 열리기 전인 새벽에 졸린 눈을 부비고 나온다. 그러나 잠을 줄여 힘들게 나온 만큼, 회의 시간은 다양한 의견이 넘치는 흥미롭고 편안한 시간이 돼야 한다. 그러기 위해 나는 말을 줄이고 가급적 다른 이들의 말을 경청한다.

똑같은 제품을 놓고도 지점마다 고객의 반응이 다르다는 것은 무척 흥미롭다. 지점들이 저마다 독특한 신제품 아이디어를 내놓고 배합비에 대해 토론하는 모습 역시 신이 난다. 아이디어는 말단 사원부터 임원까지 다양한 방향에서 수렴된다. 김영모 과자점은 제과에 입문한 지

불과 몇 개월밖에 안된 초보 기능사의 의견도 임원들의 회의 탁자에서 의논되어 제품이나 서비스에 반영된다. 네트워크는 서로 유기적으로 참여하고 상호 영향을 받는 생명 공동체가 되어야 하기 때문이다.

이런 일은 비일비재로 일어난다. 나는 브랜드 마케팅 이외의 행사 홍보나 제품 홍보는 모두 지점 자율에 맡기고 있다. 서초본점과 도곡타워점에서 지역 양로원과 고아원에 빵 급식을 지원하는 일을 시작하고, 이 일이 회의에서 보고되자 머지않아 전 지점이 이 봉사 활동에 동참하게 되었다. 또 단골고객을 초청한 무료 시식 행사 역시 본점에서 시작돼 자발적으로 전 지점으로 확대됐다.

나는 이 네트워크가 하나의 거대한 제과·제빵 아카데미가 되길 바란다. 네트워크를 통해 모르는 지식과 정보를 얻고, 서로 공유하며 발전시키는 지식 창고를 만드는 것이다. 하나라면 자만에 빠져 주저앉을 수 있지만 넷이기에 여전히 긴장할 수 있다.

지난해에는 본점보다도 도곡타워점에서 많은 아이디어가 나와 더 많이 제품화됐다. 도곡역삼럭키점과 서초본점도 이제 지지 않으려 더 많은 연구를 하고 있다. 이런 선의의 경쟁이 김영모 과자점을 발전시키는 원동력이 되는 것이다.

나는 시기별로 공장 직원들을 서로 다른 지점으로 교차 근무시킴으로써 다양한 경험을 하게 한다. 아무리 같은 빵을 만들지만 지점마다 다른 노하우가 분명히 있기 때문이다. 이것은 말로는 나눌 수 없는 미묘한 것이라 직접 보고 몸으로 느껴야만 터득할 수 있다. 교차 근무를 통해 직원들은 새로운 뭔가를 배우고, 다시 돌아와서 그것을 활용하는 모습을 동료 직원들에게 보여준다. 이렇듯 새로운 배움이 있는 직장은 늘 포만감을 준다.

정말 빵만 팔아 번 돈인가요?

‖ 빚지지 않는 신중함, 빚지는 과감함 ‖ 1994년 도곡역삼력키점을 오픈할 때, 나는 본의 아니게 은행에 엄청난 빚을 지게 됐다. 이자는 저렴했지만, 내 생애 그렇게 큰 빚은 처음이었다.

당시까지 '빚을 만들어가며 성장할 필요가 없다'는 원칙을 고수하던 나였다. 나는 내 자본금이 3분의 2 이상 되지 않으면 가게를 확장하거나 지점을 늘리지 않았다. 처음 가게를 시작할 때도 빚은 거의 없었다. 1988년 20평 규모로 가게를 확장할 때도 빚은 일부 지인들에게 빌린 소액의 사채가 전부였다. 그나마도 1~2년 내에 빨리 갚았다.

나는 빚을 지고는 못 사는 성격이라서 돈이 생기면 우선 빚부터 갚았다. 덕분에 아내와 아이들은 늘 단칸방 신세를 면치 못했다. 1986년 전세를 끼고 산 아파트도 빚을 갚기 전까지는 입주하지 못했다. 1988년에야 빚을 다 갚고 전세금도 빼준 다음 비로소 내 집 같은 집을 갖게 됐다.

빚을 지지 않으면 여러 모로 좋다. 일단 매달 매출액의 기복에 따라 일희일비할 필요가 없었다. 원금과 이자를 갚으면서 임대료나 인건비, 재료비까지 모두 감당할 수 있으면 다행이지만, 사업을 하다보면 그러지 못한 경우가 많다. 그렇게 되면 빚을 체불하거나 임대료를 내지 못하는 곤란한 상황이 생기고, 그런 시기가 길어지면 운영은 계속 악화

된다.

그렇게 되면 가장 큰 피해자는 빵이다. 경영이 악화되면 예전 같은 품질을 유지하기 힘들다. 굳이 재료비를 줄이기 위해 편파적인 수단을 쓰지 않는다 해도, 공장 직원들의 사기가 저하돼 일어나는 제품의 정체를 피할 수 없다. 경제적으로 어려운 빵집에서 신제품 개발에 공을 들이기란 매우 어려운 일이다.

재정 악화의 조짐은 매장의 분위기나 서비스에서도 대번에 드러난다. 똑같이 크리스마스 인테리어를 해도 쪼들리는 빵집은 성탄절의 따뜻하고 풍요로운 느낌을 살려내기 힘들다.

내 주변의 많은 동료들, 선후배들이 이런 식으로 무리하게 시작해 실패의 쓴 맛을 봐야 했다. 실력도 좋고 초반에는 매출도 상당했지만, 거액의 빚을 감당하느라 허덕이다가 결국에는 문을 닫아야 했던 것이다.

이러한 리스크를 피하려면 빚을 많이 지지 않고 현금 보유고를 높여 두어야 한다. 나는 내가 가진 돈으론 딱 6평밖에 임대할 수 없었기에 6평 매장에서부터 시작했다. 그만큼 임대료 부담도 적었다. 빚이 없으니 벌어들이는 돈의 상당 부분을 저축할 수 있었다. 주로 1년짜리 단기적금을 들어 수시로 꽤 큰 현금을 수중에 쥘 수 있었다. 현금은 빚을 지지 않으면서도 공장 설비를 늘릴 수 있게 해주었다. 그만큼 빵의 품질은 하루하루 더 나아졌다.

많은 사람들이 내게 경영상의 위기나 불황을 어떻게 이겨냈느냐고 묻는데, 그 가장 큰 비결은 빚을 최소화하는 것이었다. 덧붙여 소박한 생활 방식을 유지하고, 늘 현금보유고를 유지하도록 신경쓰는 것, 이 세 가지가 나 나름의 전략이었다.

빚에 쫓기다보면 위험한 결정을 내리기 쉬워진다. 당장 1억 빚을 진 사람이 지푸라기라도 잡는 심정으로 수중에 남은 1천만 원을 모두 증권 투자에 쏟아 붓는 것도 보았다. 자칫 삐끗하면 은행과 제2금융권, 사채업자 식으로 연쇄적으로 빚을 끌어와야 하는 악순환에 빠지게 된다.

요즘은 크면 성공하고 작으면 실패한다는 통념들이 강해 윈도 베이커리들도 욕심을 부리는 경우가 많다. 빚을 내고 투자를 받고 동업을 하기도 한다. 이렇게 여러 사람이 얽히면 당연히 자기 방침대로 경영을 하기가 힘들어진다. 사공이 많으면 자칫 배가 산으로 가기 쉬운 것이다.

욕심 내지 말고 작게 시작해서 천천히 키울 것. 이것이 처음 가게를 시작하려는 후배들에게 내가 늘 잊지 않고 강조하는 말이다.

하지만 이렇듯 빚지기를 싫어하던 나도 어느 시점에서는 과감한 결단을 해야 했다. 1990년에 사기 사건을 당하고 4년을 꼼짝없이 은행 빚 갚는 데 몰두한 끝이었다. 빚을 다 갚고 나니 그동안 빚에 묶여 아무것도 하지 못한 나 자신이 한심해졌다. 예정대로라면 벌써 몇 년 전에 2호점을 오픈했어야 하는데 여전히 서초본점 하나에 안주하고 있었던 것이다. 나는 나를 새롭게 다그치고 싶었다.

내가 가진 현금에 은행에서 받을 수 있는 융자와 그것으로 차릴 수 있는 매장 규모, 매달 갚아야 할 이자와 원금을 상세히 계산했다. 내가 과연 감당할 수 있을까? 3분의 2 이상 현금을 가지고 시작한다는 내 원칙이 깨지는 순간이었다. 나는 가장 현실적인 수준의 예상 매출액을 뽑아본 후 고민에 잠겼다. '그래, 승산이 있다.' 내 평생 가장 과감한 결단이었다.

그렇게 2호점은 절반 이상 빚으로 차려졌다. 오픈 후 나는 철저하게 빚 갚는 것을 가장 중심에 놓고 경영을 해나갔다. 어쩔 수 없이 빚을 졌다면 원금과 이자는 확실히 갚아야 하는 내 원칙이 무너져서는 안 됐다. 다행히 나는 5년 만에 빚을 갚았다. 도곡역삼력키점은 아주 성공적으로 운영되었다. 경영자로서 은행을 잘 활용하는 기술을 익힌 것 역시 굉장한 수업이었다. 그 기술은 다른 게 아니라 계획과 신용이었다.

2000년 도곡타워점을 열면서, 나는 다시 '현금보유고 3분의 2 원칙'으로 되돌아갈 수 있었다. 그 후 그 매장을 샌드위치 전문점으로 바꾸고 옆 자리로 도곡타워점을 옮길 때 역시 그 원칙은 지켜졌다. 하지만 리스크를 감당할 수 있는 상황이라 판단했을 때는 치솟는 임대료에 맞춰가기보다 다시 빚을 내 매장 점포와 공장 점포를 인수하는 과감성도 보였다. 그렇게 진 엄청난 빚도 2004년 들면서 거의 갚았다. 결국 내 원칙을 고수하되 언제 합리적인 판단을 내려야 할지 끊임없이 예측하고 판단하는 경영 수업을 톡톡히 해온 것이다.

빵만 열심히 굽고 경제적인 문제는 운에 맡기는 주먹구구식 운영은 더 이상 통하지 않는다. 빵 만들기 공부에 마케팅 공부, 은행 공부, 경제 공부, 그리고 인생 공부까지, 우리에게는 공부할 게 너무나 많다.

‖ 나는 적금통장이 제일 좋다 ‖

사업이 번창하면서부터 주변 사람들로부터 귀가 따갑도록 들었던 말이 있다.

"뭐니 뭐니 해도 목돈 만지려면 부동산이 최고야."

"주식을 하세요, 주식! 잘만 하면 대박이 난다구요!"

"아는 선배가 좋은 사업 아이템에 투자를 했는데 한 달 만에 1억을 벌었어! 너도 여기 한번 투자해라."

1억? 도대체 빵을 몇 개나 팔아야 1억이 되는 걸까? 어쨌든 그건 그들의 행운일 뿐, 나와는 전혀 상관없는 이야기다. 부동산, 주식, 사업 투자…. 이런 단어들은 왠지 내 인생과는 전혀 인연이 없어, 가까이 갔다가는 다칠 것만 같은 불안감을 일으키곤 한다.

나 역시 부동산이나 주식 투자를 전혀 안 해본 건 아니다. 증권회사에 한 달간 돈을 맡겼다가 도저히 내 체질이 아니다 싶어 얼른 발을 뺀 적도 있었다. 그때 담당 직원의 말이 아직도 기억이 난다. "사장님은 주식 해서 먹고사실 분이 아니에요. 안녕히 가세요."

부동산의 경우는 멋도 모르고 시작했다가 사기를 당하는 통에 몇 년 동안 큰 고생을 치르고야 말았다. 결국 두 가지 모두 내 것이 아니었고 한 번 데인 것으로 충분했다.

대신 나는 저축을 선택했다. 아내도 나도 저축이 제일 좋았다. 그 중에서도 다달이 얼마씩 붓는 정기적금이 가장 좋다. 한 번에 거금이 들지 않고 한 푼 두 푼 모아가는 재미도 있고, 무엇보다도 결과가 눈에 보이니 가슴 졸일 필요가 없었다. 또한 매달 정해진 날짜에 정해진 돈을 낸다는 나 자신과의 약속을 성실하게 지켜나가는 뿌듯함이 있었다.

내게는 적금통장에 얽힌 사연이 유달리 많다. 방탕했던 청년 시절과 작별하며 가장 먼저 했던 일이 적금통장을 만드는 것이었다. 하지만 결핵이라는 청천벽력 같은 시련으로 만기 한 달을 남기고 적금을 해약해야 하는 아픔을 겪었다. 병이 낫고 서울에 올라와 들었던 적금은 군 입대 때문에 해약해야 했다. 마치 열심히 돌을 굴려 올리다 산꼭대기에 거의 다 이르러 떨어뜨리고 마는 시지푸스 같은 인생이었다. 그 적금 콤플렉스를 깰 수 있는 유일한 길은 적금을 어기지 않고 만기까지 내는 것뿐이었다.

1979년, 나는 드디어 그 일을 이뤘다. 은행 직원에게서 "김영모 고객님, 적금 만기를 축하합니다"라는 인사를 받으며 당시로는 거금이었던 100만 원을 손에 쥔 것이다. 월급 9만 원 중 8만 원을 매달 꼬박꼬박 저축해 1년 만에 마련한 돈이었다. 그 돈은 나와 아내의 신혼 보금자리를 마련해주었다.

그 후로 나는 적금통장 만들기를 쉬어본 적이 없다. 지금까지 50개가 넘는 적금통장을 만들었고 모두 만기로 축하를 받으며 돈을 탔다. 적금을 탈 때의 기분은 그 무엇과도 비교할 수 없다. "당신 이만큼 성실하게 살았소! 당신 인생 이렇게 착실히 성장하고 있소" 하고 받는 칭찬 같았다.

나는 적금을 들 때 몇 가지 원칙을 가지고 있다. 우선, 1년을 기본으로 15개월 이하를 애용한다는 것. 그 이유는 현금 유동성을 늘리기 위해서다. 우리처럼 소규모 사업을 하는 사람들의 경우는 현금이 묶여 있어선 곤란하다. 내일 무슨 일이 생길지 알 수 없는데 돈을 오래 묶어둘 수가 없는 것이다. 이율이 좀 낮더라도 1년짜리 단기적금을 택해서 돈을 빨리 모으고, 빨리 회전시키는 신속성이 있어야 한다.

그리고 통장마다 명목을 정해 이름을 붙였다. '독일제 오븐 구입용 통장', '최신형 쇼 케이스용 통장', '큰아이 등록금 통장', '은행 융자 원금 상환용 통장'…. 이렇게 이름을 붙여두면 매달 돈을 내는 의욕도 생기고, 계획에 성큼성큼 다가선다는 기쁨에 마음이 설레곤 한다.

또 일단 적금을 들었으면 단 하루도 날짜를 어기지 않았다. 하루 어기는 것을 대수롭지 않게 생각하면 일주일 어기는 것도 대수롭지 않게 생각할 것이고, 그러다 어려우면 한 달 두 달 미루다 해약까지 하게 된다. 그러니 애초에 여지를 둬서는 안 된다. 이런 원칙을 세워두었기 때문에 아내도 나도 돈 한 푼 헛되게 쓸 수가 없었다.

적금은 주식이나 부동산 투자만큼 대박을 가져다주진 못했지만, 내가 원하는 시점에 내가 원하는 만큼의 결과물을 정확히 돌려주었다. 덕분에 나는 가게를 늘리고, 탐이 나는 새 오븐이나 냉동고와 발효기를 사들이고, 아파트 대출금도 갚을 수 있었다. 아이들 유학 자금에 예기치 못한 경조사, 갑작스런 치료비에도 적금이 큰 도움이 돼줬다.

지금 같은 초저금리 시대에 은행에 저축하는 사람은 바보 취급을 받는다. 3~4퍼센트 이자에 기대느니 차라리 써버리는 게 낫다고 말하는 사람도 있다. 하지만 그렇게 말하는 사람치고 돈을 모으는 걸 본 적이 없다. 3~4퍼센트가 우습다고 저금을 안 하고 이리저리 잡다한 데 다 써버리니, 정작 목돈이 필요할 때 돈이 한 푼도 없는 것이다. 저축의 1차 목적은 이자 수익이 아니라 절약해 돈을 모으는 데 있다는 걸 왜 잊어버리는 걸까?

나는 지금도 적금통장 3개를 갖고 있다. 하나는 기계를 장만하기 위한 통장이고, 하나는 내년에 있을 해외 연수를 위한 통장, 나머지 하나는 직원들의 연수 보조금용 통장이다. 내가 주식이나 부동산에 투자하지 않고 적금만 든다고 말하면 사람들은 믿질 않는다. 정말 빵만 팔아서 그 많은 직원들 월급 주고 매장 관리할 수 있느냐는 거다. 벼락부자들이 선망의 대상이 되다 보니 '티끌 모아 태산'의 위력을 점점 잊어가고 있는 모양이다.

내 생일보다 중요한 신용

신혼 시절 월세를 살 때, 나는 매월 27일 월세 내는 날을 하루도 어겨본 적이 없다. 나는 돈에 관련된 약속은 목에 칼이 들어와도 지켜야 직성이 풀린다. 당장 먹을 쌀이 없고 누더기를 입어야 한다 해도 줘야 할 돈은 줘야 하는 것이다. 월세, 적금, 은행 대출금, 이자, 거래처 결재, 하다못해 수도세나 전기세 같은 공과금도 하루도 어김없이 내왔다.

사업을 시작할 때부터 나는 신용이 내가 가진 전부라고 생각했다. 조그만 가게 하나 달랑 가진 사람이 기댈 게 뭐가 있었겠는가. 은행이 그런 나를 믿고 돈을 꿔줄 리도 없고, 그렇다고 요행에 기댈 수도 없었다. 그러니 신용을 잘 쌓아서 급할 때는 그 신용만으로 돈을 빌릴 수 있어야 했다. 그래서 돈 문제만큼은 철저하게 지켜왔다.

물론 신용을 지키려면 때론 희생도 따랐다. 가족들은 먹고 입고 자는 것 어느 하나 맘껏 누려보지 못했다. 단칸방에서 직원들과 같이 칼잠을 자고, 외식이나 주말 나들이는 상상도 하지 못했다. 가끔은 내 인생이 신용에 저당잡혀 있는 건 아닌가 하는 허탈감도 느꼈다.

하지만 신용을 지키면 반드시 보상이 따라왔다. 그 첫 보상은 1998년 IMF 때 찾아왔다. 대출 이자가 20퍼센트를 육박하는 상황에서, 은행에선 신용도 높은 우수고객인 내게 15퍼센트라는 파격적인 대우를 해주었다. 이자율 1~2퍼센트로도 회사 하나가 망하고 흥하던 시기였다.

몇 년 후에 급하게 매장과 공장 점포를 인수해야 했을 때도 은행은 내 신용에 손을 들어주었다. 담보가 부족한데도 신용과 사업성만으로 큰 대출을 허락해준 것은 아주 이례적인 일이었다. 하루도 어기지 않고 부었던 수십 개의 적금통장과 정확한 이자 상환 기록이 없었다면 그런 기회는 없었을 것이다. 대출 승인이 떨어졌던 날, 은행 담당 직원은 웃으며 이렇게 말했다.

"김영모 사장님은 재산보다 신용이 더 두둑하시네요. 신용만으로도 백억 대 부자십니다."

나는 지금도 내 생일은 잊어도 적금 내는 날, 이자 내는 날, 거래처에 대금 결재하는 날은 절대로 잊는 법이 없다. 그것이 내가 가진 가장 큰 재산을 소중하게 관리하는 법이기 때문이다.

숫자보다 중요한 것

‖ 매출액은 목표가 될 수 없다 ‖

어느 회사든 연초가 되면 간부회의를 열어 그해의 목표를 설정하고 직원들에게 그것을 발표한다.

"매출 2조 원 돌파!"
"공격적 경영으로 매출 4조 원 달성!"
"올해 목표는 수출 100억 불!"
"2004년 수출 500만 대 돌파, 2005년 1천만 대 목표!"

매년 우리나라 대표 기업들이 쏟아내는 한해의 목표다. 보다시피 목표는 대부분 수치에 집중돼 있다. 수치야말로 한 기업이 얼마나 성장했느냐를 증명해주는 가장 확실한 바로미터기 때문이다.

이것을 김영모 과자점 식으로 바꾸어본다면 어떻게 될까?

"하루 매상 150퍼센트 신장!"
"지점당 매일 곰보빵 500개 판매!"
"제과업계 매출액 1위!"

이건 아무리 생각해도 대기업들 목표처럼 멋지게 들리질 않는다. 만약 이런 목표를 직원들에게 공표하면 어떻게 될까? 당장 곰보빵 500개를 팔기 위해 허둥거릴 판매 직원들의 모습이 눈에 선하다. 하루 매상을 150퍼센트 신장시키라는 목표는 직원들을 장사꾼으로 만들 뿐이다.

2000년 도곡타워점이 오픈하면서 회사가 어느 정도 규모를 갖추게 된 후부터, 나는 연말이면 새해 목표를 설정해 직원들에게 발표해왔다. 하지만 내가 설정한 목표는 매출 신장이나 점포 확장 같은 수치가 아니었다. 김영모 과자점은 느리더라도 건강한 성장을 목표로 하기 때문에 수치로 표현할 수 없는 다른 가치를 담은 목표를 설정해야 했다.

"맛을 소중히, 사람을 소중히 여기는 과자점. 소중한 사람들과 함께 기쁨을 나눌 수 있는 빵을 만들자."

이것이 김영모 과자점의 이념인 만큼, 그저 많이 파는 것만으로는 정신적 허기가 채워지질 않는 것이다.

2000년 우리가 처음 설정한 목표는 "지역 주민들이 인정하는 제과점이 되자"였다. 마침 당시는 도곡동 타워팰리스가 막 입주를 시작해 우리 빵이 과연 그 까다로운 입맛에 맞을지 시험 성적을 기다리는 아이마냥 초조한 순간이었다. 우리는 모든 면에서 최고가 돼야 했다. 최고의 재료, 최고의 기술, 최고의 정성으로 맛있는 빵을 만들기 위해 전 직원이 똘똘 뭉쳤다.

그해 우리보다 먼저 자리를 잡고 있던 프랜차이즈 제과점 하나가 문을 닫았다. 언론에선 김영모 과자점이 타워팰리스 사람들의 입맛을 사로잡아 다른 제과점이 발을 못 붙이게 만들었다고 크게 보도를 했다.

2001년 신년회에서 나는 2000년 목표 성취를 축하하고 2001년을 위한 새로운 목표를 공표했다. 그것은 "만드는 사람도 파는 사람도 빵에 마음을 담자"였다.

빵 하나가 고객에게 어떤 에너지와 힘, 생명력을 선사할지 생각하고, 그 빵으로 인해 사람들이 나누게 될 소중한 시간과 추억과 사랑을 생각하고, 고객들의 하루가 우리 빵으로 인해 더 따뜻해지기를 기원하는 것이다.

나는 그해 내내 틈이 날 때마다 "정성스럽게 마음을 담으라"는 이야기를 강조했다. 처음에는 의미를 잘 이해하지 못하던 직원들도 점차 시간이 흐르면서 목표의 의미에 동감했다.

"예전엔 그저 실수하면 안 된다는 생각으로 빵을 만들었어요. 하지만 이제는 이 빵을 누가 사갈까, 먹으면서 어떤 생각을 할까, 내가 만든 빵을 먹고 조금은 더 행복해지면 좋겠다는 생각을 하게 되었어요."

2002년의 목표는 "국내 최고의 브랜드 이미지를 구축하자"였다. 돈을 들여 광고를 한다고 해서 브랜드 이미지가 좋아지는 게 아니다. 직원 모두가 우리 과자점을 대표한다는 책임감을 가지고 각자의 역할에서 최선을 다해야 하는 것이다. 특히 작은 실수를 그냥 지나치지 않고 원인을 철저히 분석해 두 번 다시 반복되지 않도록 해야 된다는 점을 강조하였다.

2003년의 목표는 "자만에 빠지지 말고 항상 배움의 자세를 갖고 임하자", 2004년의 목표는 "직원 중심으로 똘똘 뭉쳐 타 업체와 완전히 차별화하자"였으며, 2005년의 목표는 "기술, 지식, 인격을 갖추어 최고의 기능인으로 성장하자"이다.

기능인에게 가장 중요한 것은 물론 '기술'이다. 하지만 최상의 기술이 발휘되려면 반드시 풍부한 '지식'이 동반돼야 하고, 그 지식이 만용으로 치닫지 않으려면 상황을 분별하는 지혜가 있어야 한다. 빵은 만드는 사람의 '인격'을 닮는다. 최고의 빵을 만든다는 자부심과 함께 또한 계속 배우고 노력한다는 겸손함, 고객에 대한 섬김, 생명에 대한 겸허함을 두루 갖춰야 하는 것이다. 이 세 가지가 모여야 비로소 진정한 '실력'이 된다.

이제 갓 밀가루를 주무르기 시작한 젊은 직원들은 이 목표가 무얼 의미하는지 선뜻 이해가 가지 않을지 모른다. 하지만 자꾸 듣고 음미하면 언젠가는 그 진정한 뜻을 깨닫게 된다. 이런 목표는 혹여 직장을 옮기더라도 두고두고 마음에 남을 것이다. 인격을 갖추고 사회적으로 좋은 이미지를 풍기는 기능인이 많아지면 그렇게 올라간 위상이 모든 기능인에게 골고루 돌아간다.

‖ 작은 목소리에 귀 기울여라 ‖

얼마 전 15평 규모의 작은 빵집을 차린 후배를 격려차 방문한 적이 있었다. 가게는 밝고 아기자기했다. 사방 벽면을 거울로 마감해서 넓어 보이게 한데다 빵을 진열하는 선반들을 모두 은색 철제로 짜서 아주 시원해 보였다. 작지만 상당히 고민한 흔적이 느껴져서 많이 칭찬을 해주었다.

그런데 이상한 점이 눈에 띄었다. 우리는 보통 시식용 제품들을 잔뜩 썰어두는데, 그 가게는 아주 작은 접시에 몇 조각씩밖에 썰어두지 않은 것이었다.

"너무 조금 썰어둔 것 아니냐? 푸짐해 보이는 게 좋을 텐데."

후배가 머리를 긁적이며 대답했다.

"그게, 실은 많이 썰어두면 빵이 금세 딱딱해지거든요. 저희 같은 작은 매장엔 손님들이 자주 찾질 않으시잖아요. 그래서 조금씩 썰어서 손님들이 부드러운 빵을 시식할 수 있게 하려는 거예요."

그 순간 나는 후배에게 감탄을 했다. 그것은 작고 사소하게 느껴지지만 절대로 놓쳐서는 안 되는 중요한 문제였다. 그날 나는 가게로 돌아오자마자 시식용 빵을 관찰해보았다. 다행히 우리 집 빵은 회전이 빨라서 딱딱하게 굳는 문제가 없었지만 일부 덩어리가 큰 빵들은 굳은 조각들이 남아 있었다. 나는 담당 직원에게 손님이 많지 않을 때는 시식용 빵을 반만 썰어두고, 다 소비되고 나면 추가로 다시 썰라고 충고해주었다.

경영자가 되면 이런 작은 아이디어들을 자꾸 놓치게 된다. 좋은 경영인이 되기 위해 경영대학원도 다니고 틈만 나면 모임에 강사를 초청해 강의도 듣곤 하지만, 거창한 데 집중하다 보면 작은 부분을 놓치게 되는 것이다. 명사의 강의라면 거금을 내서라도 꼭 들으러 다니면서 정작 직원 의견함에 넣어진 작은 쪽지에는 전혀 관심이 없는 경영자가 너무나 많다.

나는 경영자로서 이런 독선에 빠지는 걸 늘 경계해왔다. 17살 때 빵을 구우면서부터 줄곧 그런 생각을 해왔다. 내가 모셨던 그 수많은 공장장 중에는 훌륭한 분도 많았지만 자만에 빠져 아랫사람들의 의견을 무시하고 횡포를 부리는 사람도 있었다. 빵에 대해 조금 더 많이 알고 나보다 일찍 배웠다는 이유로 절대군주처럼 굴었던 사람도 있었다. 머릿속에 질문이나 아이디어가 떠올라도 입 밖으로 꺼낼 수 없었다. 그러면 잘난 척한다고 타박을 받기 일쑤였다.

어떻게 하면 직원들이 스스럼없이 자기 생각을 말하고, 윗사람은 그것을 열린 마음으로 수용할 수 있을까? 나는 충분히 귀 기울일 자세가 돼 있다고 생각하지만, 정작 어린 직원들에게 "무슨 좋은 생각 없나?"고 물으면 그들은 입을 다문다. 경영자라는 존재감만으로도 부담스러운 것이다.

회사의 규모가 커지면 그런 양상은 더 심해진다. 작은 빵집이라면 막내 직원이 사장에게 불평도 하고 이것저것 생각나는 걸 말하기가 쉽다. 하지만 층층시하로 이중 삼중의 조직이 가로막고 있으면 말단 직원의 의견이 경영자에게까지 도달하기가 힘들어진다.

윗사람은 자기만 옳고 모든 것을 다 안다는 독선에서 빠져나와 실력을 갖춰야 한다. 그리고 그 실력이 여전히 미완성이라는 겸허한 자세로 모르는 것을 감사히 받아들이고 인정할 줄 아는 지혜와 인격을 갖춰야 한다.

아랫사람은 실력있는 사람을 존경하고 배워야 한다. 배우려고 마음먹으면 자연히 의문이 생기므로 적극적으로 질문을 던지고 자기 생각을 말하기를 주저해서는 안 된다.

나는 우선 작은 것부터 권했다. '초보 직원들은 뭐든 하루에 하나씩 질문을 하자. 윗사람들은 뭐든 하루에 하나씩 가르치자. 윗사람은 질문하는 후배의 기를 꺾지 말자. 열심히 배우고 친절하게 가르치자.'

그리고 기회가 있을 때마다, "오늘 무슨 질문을 했나?", "오늘 후배에게 무엇을 가르쳐주었나?" 물어보았다. 대답을 못하는 직원에게는 "모르는 것도 없고 가르칠 것도 없느냐"며 타박을 주기도 했다. 윗사람과 아랫사람이 명령하고 복종하는 관계가 아니라, 서로 존중하면서 묻고 가르치는 관계가 되길 바라기 때문이다. 명령과 복종 시스템에서는 오직 명령자의 사고만이 작용하기 때문에 발전이 없거나 아주 더디게 마련이다. 반면 가르치고 배우는 관계는 스스로 생명체가 되어 발전한다.

초보 직원들끼리 나눈 건설적인 토론과 대화의 내용들을 그 위의 선배들, 간부들이 들을 수 있는 시스템. 누군가의 아이디어가 채택되면 그 사람이 말단이든 임원이든 모든 직원들 앞에서 칭찬과 박수를 받을 수 있는 시스템. 우리에겐 그것이 필요했다.

우리는 매주 화요일 임원 회의 이외에 두세 달에 한 번씩 전체 회의를 갖기로 했다. 말 그대로 생산직과 판매직 모든 직원들이 모여 스스럼없이 의견을 나누는 자리다. 처음에는 자리에 앉아서 묵묵히 듣기만 하던 어린 직원들에게 나는 자꾸 말을 시켰다. 하지만 말을 시키는 것보다 더 좋은 것은 내가 말을 하지 않는 거란 걸 곧 깨닫게 되었다. 나는 경영자의 무게감을 최소화하고 뒤로 숨어 경청하는 사람이 되었다. 그렇게 회의가 반복되자, 나는 회의에서 가장 마지막에 말하는 사람, 혹은 전혀 말하지 않는 사람이 되었다.

2004년 연말 회의에서는 아이디어가 봇물처럼 쏟아져 나왔다. 그 중 하나로, 매년 우수고객에게 제작하여 선물하는 김영모 과자점의 캘린더에 무료 시식 행사 일정을 미리 표시하자는 아이디어가 나왔다.

이 아이디어를 생각해낸 사람은 경력 1년이 조금 넘은 24살의 직원이었다. 그는 무료 시식 행사가 너무 불시에 잡히는 경우가 많아 업무가 가중된다며, 미리 계획하면 일부 업무를 분산해서 대비할 수 있다고 말했다.

아주 좋은 생각이었다. 일을 시키는 사람 입장에서는 생각하지 못했던 작은 부분이었지만, 현명한 경영자라면 직원들의 업무 효율을 높이기 위해 꼭 고려해야 할 문제였다. 동시에 그동안의 시식 행사가 준비가 부족한 즉흥 행사였다는 반성도 들었다. 연간 계획을 미리부터 세워 신제품을 개발하고 준비한다면 고객에게 홍보할 시간도 더 넉넉히 잡을 수 있고 훨씬 짜임새 있는 행사를 마련할 수 있을 것이다.

고객의 입장에서도 캘린더에 시식 행사 날짜를 표시해두면 미리 알고 기대할 수 있고, 또 김영모 과자점은 준비하고 계획하는 과자점이라는 좋은 인상을 받을 것이니 일석이조였다.

나는 좋은 아이디어라고 크게 칭찬을 하고 곧바로 캘린더에 시식 날짜를 명시하기로 했다. 마침내 새해 달력이 나왔을 때, 그 직원은 자신의 아이디어가 채택된 것에 대해 동료와 상사들로부터 축하를 받고 뿌듯한 미소를 지었다. 자신의 생각이 회사의 운영에 반영되고 그것으로 회사가 나아질 수 있다는 건 굉장한 성취감을 준다. 그것은 어쩌면 두툼한 월급봉투보다도 더 큰 매력으로 작용할 수 있다.

직원 회의에서는 임금 인상이나 근무 환경에 대한 주제도 빈번하게 등장한다. 보통 제과점들은 아침 일찍 출근해서 하루 근무 시간이 긴 편이고, 퇴근 시간도 불규칙해 업무가 고된 것은 둘째치고 자기개발에 투자할 시간이 부족했다. 이렇게 해서는 인재들을 키울 수 없다는 생각에 대안 제시를 요청했더니, 자발적으로 의논해 2부 교대제를 제안했다. 그렇게 근무 패턴을 바꾸고 나니 직원들이 자기 시간을 활용할 수 있다고 무척 반긴다. 대신 자기들끼리 정한 룰이니 원칙이 깨지지 않고 정확히 교대 시간을 지키도록 자체적으로 규율도 정해 지켜나가고 있다.

시대가 흐르면서 요즘 젊은이들은 더 이상 먹고살기 위해 빵을 굽지 않는다. 빵을 정말 좋아하고 빵에서 무한한 창작 의욕을 느끼며, 톡톡 튀는 아이디어를 주체하지 못하는 젊은이들이 많다. 그만큼 그들의 작은 목소리가 소중하다. 그들의 개성과 끼를 끌어안을 수 있는 활짝 열린 시스템은 경영자로서 내가 늘 안고 있는 숙제다.

맞지 않는 사람, 버려야 할 사람

|| 실수는 잘못이 아니지만 정성 없는 빵은 잘못이다 ||

베이커리를 운영하는 친구나 선배들이 자주 던지는 질문이 있다. "영모 너는 성질도 불같고 늘 고함만 지르는데 직원들이 왜 오래 있냐? 우리 집은 큰소리 한 번만 내도 금세 나가버린다. 월급도 많지 않고 일이 적은 것도 아닌데, 직원들을 오래 붙잡아두는 비결이 도대체 뭐야?"

그럴 때마다 나는 웃는다. 베이커리 커뮤니티 내에서도 김영모 과자점은 장기 근속자가 많은 곳으로 유명하다. 다른 베이커리들은 1~2년 근무하는 게 고작이지만 우리 가게에선 4~5년이 보통이고 10년, 15년, 심지어 20년 근속자도 있기 때문이다.

물론 1~2년 만에 떠나는 직원들도 있다. 워낙 이직률이 높은 업계라 그런 분위기에서 완전히 자유롭기는 힘든 것이다. 하지만 빵을 진정으로 좋아하는 직원, 빵을 평생의 업으로 진지하게 고민하는 직원들은 상당히 오래 남는다. 친구들 말처럼 내가 편하게 대하는 것도 아니고 월급을 많이 주는 것도 아니다. 오히려 일은 다른 가게보다 두 배는 많다. 그래도 오래 있어주는 데는 분명히 이유가 있을 것이다.

나는 혼낼 때 무섭게 혼낸다. 하지만 내가 혼내는 이유는 다른 사장들과 좀 다르다. 다른 사장들이 잘못한 것, 실수한 것에 대해 화를 낸다면 나는 그런 것에 대해선 혼을 내지 않는다. 그런 문제라면 지적하고 가르쳐주면 고쳐지기 때문에 아무 문제가 안 된다.

　실수한다고 혼내면 직원은 실수를 숨기려고만 하게 된다. 충분히 이해해주고 격려해주면 감추지 않을 텐데 자꾸 혼내니까 감추는 것이다. 이건 실수 자체보다 더 위험한 일이다.

　예를 들어, 빵이 딱딱하게 구워져 나왔는데 이걸 감추기 위해서 억지로 시럽을 친다. 5센티 두께로 케이크 빵을 구워내야 하는데 4센티가 나오니까 위에 1센티 빵을 덧붙여서 생크림을 발라 감춰버린다. 경영자의 눈을 속일 수는 있을지 몰라도, 소비자는 절대로 속지 않는다. 당장 빵이 왜 이 모양이냐며 항의가 들어올 것이다. 한 번 이런 일이 일어나면 되돌리기까지 상당히 오랜 시간이 걸린다.

　경영자가 실수를 용납하지 않으면 이런 위험한 부작용이 일어날 수 있는 것이다. 실수는 누구든 저지를 수 있다. 나도 그랬고 모든 제과 기능인들이 다 실수하며 배운다. 훌륭한 기능인은 실수를 전혀 하지 않는 사람이 아니라, 실수를 저지를 때마다 그 원인을 분석해 실력 향상의 기회로 삼는 사람이다.

　내가 진짜로 직원을 혼내야 할 순간은 따로 있다. 빵에 정성을 들이지 않고 대충 할 때다. 이런 경우에는 나는 가차 없이 행동한다. 정성 없는 태도는 만들어진 빵에서도, 근무 태도에서도 모두 드러난다. 반죽을 대충 해서 밀가루가 덩어리째 씹힌다거나, '별 일 있겠어?' 하는 마음으로 공정 하나를 빼먹는다면, 이것은 실수가 아닌 성의 부족이므로 눈물이 쏙 빠지게 혼을 내야 한다.

　"자네들도 옷 사러 가면 단추 하나 떨어졌는지 실밥이 나왔는지 구멍이 뚫렸는지 꼼꼼히 살펴보지 않나? 이렇게 귀가 깨져 있는 타르트를 누가 사겠어? 흠집이 난 걸 누가 사가겠냐고? 자네라면 가족한테 이런 걸 먹이고 싶나?"

혼이 날 당시에는 내가 무섭고 야속하고 기분도 나쁠지 모른다. 하지만 하룻밤만 곰곰이 생각해보면 내 말이 옳았다는 것을 알게 된다. 그리고 결국 고마움을 느낀다. 기능인으로서 빵에 대해 갖춰야 할 자세, 가장 중요한 가치를 일깨워준 데 대해 고마워하는 것이다. 그래서 내가 아무리 소리를 지르고 불같이 화를 내도 그것 때문에 문을 박차고 나가는 직원이 없는 것이다.

실수를 지적하고 가르치는 데도 요령이 필요하다. 대부분의 경영자들은 실수를 발견하는 순간 벌컥 화를 낸다. 혼나는 사람 입장에서는 일부러 그런 것도 아닌데 억울하기도 하고, 무척 기분이 상한다. 어쩌면 윗사람이 잘못 가르쳐서 그런 실수를 저지른 것일 수도 있다. 혹은 잘못된 것인지조차 모르는 경우도 있다. 경영자는 혼내기 전에 이런 걸 먼저 파악해야 한다. 그래서 실수를 지적하면서 동시에 그것을 교정할 수 있는 방법까지 함께 제시해야 하는 것이다.

그래서 나는 작은 실수라면 세 번까지는 그냥 두고 본다. 대부분의 경우 내가 세 번 보기 전에 공장장 선에서 정리가 된다. 세 번까지 보게 된다면, 그것은 공장장도 모르고 넘어가는 경우다. 그럴 때는 공장장에게 직접 그 이유를 물어본다. 공장장이 드디어 깨닫고 실무자를 불러서 즉시 교정을 한다. 왜 그런 실수가 일어났는지 살펴보면 중간 선배들이 잘못 가르쳐준 경우가 대부분이다. 그러면 관계된 모든 사람들이 모여서 방향이 잘못된 것 같으니 내일부터는 이렇게 해보자고 의견을 모은다. 그러면 다음날부터 빵이 제대로 나온다. 소리지를 것도 없이 너무나 간단한 일이다. 원인을 찾아냈으니 그런 일은 다시 반복되지 않는다.

나는 초보들에게 업무를 지시하는 중간 생산자들에게도 이 점을 누누이 강조한다. 무조건 윽박질러서는 안 된다. 제대로 가르치는 것이 먼저다. 초보들은 모르는 게 너무 많기 때문에 실수를 저지를 수밖에 없다. 실수는 열심히 가르쳐주어 교정을 하고, 대신 잘했을 때 칭찬을 해주어야 한다. "그래, 잘했어! 이렇게 하는 거야" 하며 엄지손가락을 치켜 세워주어야 한다. 그래야 초보들에게도 잘 나온 빵과 잘못 나온 빵을 구분하는 눈이 생긴다. 선배들의 지적과 칭찬이 있어야 초보들이 자신의 실력을 스스로 가늠할 수 있는 능력이 생기는 것이다. 육안으로 검사하는 능력이 생기는 시점부터, 초보들의 비약적인 발전이 시작된다.

모르는 건 부끄러운 게 아니다. 몰라서 저지른 실수도 마찬가지다. 모르면 선배에게 물어보고, 선배가 모르면 공장장에게 물어보고, 공장장도 모르면 사장한테 물으면 된다. 묻고 답하기, 나눔과 공유야말로 조직의 분위기를 건강하게 밀고 가는 힘이 된다.

‖ 능력과 보수 사이 ‖

"좋은 직원을 붙잡아두려면 그에 상응하는 보수를 주라." 이것은 경영의 불문율과 같다. 하지만 김영모 과자점의 경우를 보면 이 법칙이 꼭 맞는 것은 아닌 듯하다.

김영모 과자점의 보수 수준은 다른 빵집과 비슷하거나 오히려 더 못하다. 경력 1~3년까지는 비슷하다. 그러나 4~5년 정도가 되면 다른 빵집으로 옮기면 월 30~50만 원은 더 받을 수 있을 정도로 낮다. 대신 그 이상의 경력자에겐 타 업체보다 더 많이 준다. 공장장급으로 성장할 단계에 있는 경력 7~8년 이상의 직원들에겐 그만큼 높은 대우를 해주어 성취도 면에서도, 급여 면에서도 만족시키려 애쓴다. 그래야 갑자기 공장장이 독립을 하거나 다른 업체로 떠나도 외부에서 공장장을 데려오지 않고 경력자 중 한 명을 공장장으로 승진시킬 수 있기 때문이다.

그래서 직원들이 떠나고 싶은 유혹을 가장 많이 느낄 때가 경력 4~5년차 때다. 매달 30~50만 원이면 적은 돈은 아니기 때문이다. 이런 이유로 떠나는 직원들을 볼 때면 많이 못 줘서 미안하기도 하고, 그래도 조금만 더 버텨주면 좋을 텐데 하고 아쉽기도 하다.

많은 경영자들이 이런 말을 한다. "직원들한테 잘해줘 봤자 아무 소용없다. 결국은 월급을 더 많이 주는 곳으로 떠나버린다."

하지만 나는 그 말에 동의하지 않는다. 급여를 적게 줘도 남는 직원이 더 많기 때문이다. 또 떠났던 사람이 다시 더 배우기 위해 높은 급여를 포기하고 돌아오는 경우도 많다. 왜 그럴까?

돌아온 직원들이 내게 해준 말은 거의 비슷했다. 4년 정도 배웠던 시점에는 정말 자기 기술에 자신이 있다고 생각했는데, 어느 순간 능력의 한계가 느껴진다는 것이었다. 그렇게 자신만만했었는데 한 2~3년 더 일을 해보니 빵은 점점 어려워졌다. 지식은 불완전했고 아이디어도 부족했다. 예전 같으면 윗사람한테 묻고 배울 수 있었을 텐데, 웬만한 높은 위치에 있다 보니 속시원히 물어볼 데도 없었다는 것이다.

그리고 정말 중요한 이유 하나가 더 있다. 아무리 월급을 많이 준다 해도 빵에 대한 기본적인 개념이 없는 경영자 밑에서는 더 이상 일할 수 없었다는 것이다. 빵을 돈을 버는 수단 정도로만 생각하는 경영자가 얼마나 많은가? 이런 경영자들은 적당히 공장 시설을 만들고 나면 더 이상 투자할 마음이 없다. 공장장이 새로운 기계가 필요하다, 도구가 필요하다 요청해도 그냥 무시한다. 진정으로 빵을 사랑하는 기능인들이라면 그런 경영자를 견뎌내지 못한다.

그래서 이들은 다시 돌아온다. 월급은 줄어들고 근무 시간은 늘어나지만, 그래도 여기가 훨씬 좋단다. 김영모 과자점에는 빵을 진정으로 사랑하는 사람들이 모여 있고, 그 사랑을 마음껏 펼칠 수 있도록 회사가 든든하게 지원해주기 때문이다.

한 가지 내가 흐뭇하게 생각하는 것은, 돌아와서 경력 7~8년을 채우고 나가는 사람들이 나중에 보면 더 성공한다는 것이다. 3~4년 배우고 나간 사람들은 처음에는 좋은 대우를 받으며 스카우트 되지만, 그 이상 발전하지 못하는 경우가 많다. 10년 후를 보면 고만고만한 빵집에서 그저 그런 대우를 받고 있는 걸 볼 수 있다.

하지만 다시 돌아와서 더 배우고 나간 사람들은 지금 좋은 윈도 베이커리에서 주요 기술자로 일을 하고 있다. 직접 자기 제과점을 차린 사람들도 성공을 했다. 불과 3~4년의 차이로 미래가 엄청나게 바뀌는 것이다.

지혜로운 직원들은 이걸 알기 때문에 우리 과자점을 떠나지 않는다. 그들은 지금은 좀 손해를 보더라도 하나라도 제대로 잘 가르쳐주는 곳에서 더 배우려고 한다. 이것이 우리 제과점에 장기 근속자가 많고 이직률이 낮은 이유다.

얼마 전 30대 직장인들을 대상으로 한 설문조사 결과를 보니, '보수'는 직장을 선택하는 우선순위 중 세 번째에 불과했다. 이들은 '상사'를 가장 중요한 기준으로 꼽았다. 상사가 배울 만하고 의지할 만한 사람인지, 또 정의롭고 공정한 평가를 해주는 사람인지, 자기희생을 할 줄 아는 사람인지를 먼저 따져본다는 것이다. 두 번째 기준은 자신의 능력을 발휘할 기회를 얼마나 주는가, 얼마나 배울 수 있는가였다.

요즘 들어 내가 더욱 노력하는 것은, 모든 직원들이 김영모 과자점에 다니는 것에 대해 자부심을 느끼도록 만들어주는 것이다. 자부심 역시 한 회사에 오래 근무하게 해주는 중요한 요인이기 때문이다. 경영자에 대한 신뢰, 회사의 시스템에 대한 믿음, 그리고 외부의 평가가 모두 일치해야 가능한 일이다.

마이크로소프트의 이직률이 같은 IT기업들에 비해 3분의 1정도밖에 안 되는 이유는 뭘까? 그것은 직원들이 빌 게이츠라는 경영자 밑에서 일하는 것을 자랑스럽게 생각하기 때문이다. 이들은 윈도우즈 로고가 새겨진 티셔츠를 입고 직원용 명찰을 목에 거는 것을 더할 나위 없는 특권으로 여긴다. 동시에 이들에게는 인터넷 혁명을 주도하는 주역이라는 자부심과 사명감이 있다. 반바지에 슬리퍼를 신은 후줄근한 모습으로 야근을 밥 먹듯이 하지만, 이들은 어디서도 주눅들지 않고 당당하다. 마이크로소프트라는 기업 자체가 이들의 든든한 배경이기 때문이다.

나는 우리 직원들에게 이런 프라이드를 심어주고 싶다. 멋진 직장, 믿을 만한 경영자, 그리고 최고의 제과점에서 좋은 빵을 만든다는 자부심, 사명감을 같이 느낄 수 있기를 바란다.

2년 전부터 나는 연초마다 최고급 호텔 연회장을 빌려 직원들과 함께 성대한 신년회를 치르고 있다. 레크리에이션 강사를 초빙하여 자연스럽게 분위기가 무르익도록 유도한 다음, 직원들이 마음껏 놀 수 있도록 무대를 마련해 준다. 직원들은 장기자랑이나 공연 등을 통해 숨겨둔 재주와 끼를 마음껏 발산한다. TV에 나오는 가수와 댄서들이 울고 갈 정도로 멋지게 노는 그들을 보며 공장이나 매장에서만 볼 때와는 또다른 면을 발견하는 것도 신선한 즐거움이다.

　이 자리에서 나는 멋지게 차려입은 직원들에게 최고의 정찬과 고급 와인을 대접한다. 김영모 과자점의 직원들은 최고의 직원들이므로 한 해를 시작하며 경영자인 내가 찬사를 보내는 의미로 그들을 정성을 다해 대접하는 것이다.

사람이 바로 최고의 비즈니스 모델

|| **가족 같은 경영 시스템** || 경영자라는 내 위치를 자각하는 순간부터 나는 어떤 식으로 회사를 끌어나가야 할지 많은 고민을 해왔다. 전문 서적이나 신문 기사를 뒤져 가장 합리적인 경영 모델을 찾으려고 나름대로 노력하기도 했다.

대부분 선진국의 성공한 기업들은 단기적 업무 목표를 세우고, 각 분야 최고의 인재들을 등용해 최고의 성과를 거둬왔다. 하지만 그런 방법은 보통 직원 각자의 고유 영역을 분명하게 박아두는 경우가 많아 우리처럼 영역 간 교류가 필요한 업종에는 잘 맞지 않는다.

철저한 성과 위주의 벤처 스타일 경영은 어떨까? 이것 역시 우리처럼 몸으로 부딪치며 성실성과 책임감, 팀워크 같은, 능력 이외의 여러 요소들이 중요하게 평가되는 회사에는 잘 맞지 않는다.

결국 여러 경영 모델 중에서 우리에게 가장 맞으면서 경쟁력 있는 모델은 역시 '가족 경영' 모델이라는 결론에 이르렀다. 이것은 족벌 경영과는 다른 이야기다. 내가 말하는 가족 경영은 전 직원이 한 가족처럼 똘똘 뭉치는 기업, 모든 직원에게 소속감과 애정을 품게 하는 가족 기업이다.

능력이나 전문성 같은 개인의 기량을 위주로 치닫는 사회에서 구닥다리 같은 '가족' 개념을 들고 나오다니 시대착오처럼 느껴질지 모른다. 그러나 지난 23년간 우리가 위기를 극복하고 성장을 일궈낼 수 있었던 것은 모두 가족이라는 개념이 있었기에 가능했던 일이었다.

어려운 시기엔 직원들 모두가 보너스도 반납하고 연장 근무를 해주었다. 직원들이 가족들까지 동원해 자발적으로 밤을 꼬박 새우며 크리스마스 케이크 3천 개를 만들어주었던 때도 있었다. 일할 만큼 일하고 받을 만큼만 받아가는 단순한 노사관계라고 생각했다면 이런 헌신은 기대할 수 없었을 것이다. 나는 직원들을 가족처럼 대했고, 직원들은 나를 가장처럼 여겨주었다. 그래서 위기의 순간을 오히려 발판 삼아 함께 헤쳐나올 수 있었던 것이다.

직원들이 모두 가족이 된다는 것은 말만으로는 이루어지지 않는다. 진짜 가족 대접을 해주고 사랑으로 품어주어야 가족이 되는 것이다. 실제로 우리는 가족처럼 한집에서 살기도 했다. 지방에서 홀로 올라와 따로 방을 마련하기 어려운 직원들을 위해 사업 초기 6~7년간은 우리 집을 기숙사로 겸하도록 했다. 우리 집 아이들은 어릴 적엔 항상 가게의 형 누나들과 섞여 밥을 먹고 잠을 잤다. 우리 가족만의 집을 마련한 다음부터는 직원용 기숙사를 따로 마련해 주었다. 현재는 오피스텔을 몇 채 빌려 기숙사로 사용하고 있는데, 정규직 비정규직 직원 50여 명이 살고 있다.

대부분의 경영자들은 직원 하나 뽑아놓으면 그 사람이 얼마나 일을 잘하며 성실한지, 봉급받는 만큼 가치가 있는지만 생각한다. 하지만 직원을 가족으로 여기는 경영자라면 그 외에도 생각해야 할 것이 많다. 김영모 과자점에서 일하는 걸 진정 즐거워하는가, 내가 이 사람에게 얼마나 많은 기회를 줄 수 있는가, 궁극적으로 이루고 싶어 하는 꿈은 무엇이며 그것을 위해 나는 무엇을 도울 것인가. 세세하게는 좋은 배필을 만나 결혼하고 집에 우환이 생기면 도와줘야 하는 것이 모두 내 몫이다. 그게 가족이다.

그런 일은 아주 사소한 것에서부터 시작된다. 생일을 축하해주고 건강을 챙겨주고, 집안에 경조사가 있는지 관심을 기울여주고, 기쁜 일에는 함께 웃고, 슬픈 일에는 함께 울어주는 것. 나는 직원들 부모님이 아프시면 내 부모님이 아픈 것처럼 열심히 도와주었다. 병원을 알아봐주고, 필요하면 병원비도 보조해주었다.

더 배우고 싶어 하는 직원이 있으면 해외 연수의 기회도 주었다. 경력 10년이 넘은 사람이 독립을 원하면, 함께 가게 터를 알아봐주고 훌륭한 빵집으로 성장할 수 있도록 조언과 지원을 아끼지 않았다. 공장장이 되고 싶어 하는데 내부에서 진급이 어려운 상황이라면 좋은 자리를 알아봐서 내 손으로 다른 직장으로 '출가' 시키기도 했다.

덕분에 김영모 과자점은 '직장'이 아니라 '일터'가 되었다. 직원들은 김영모 과자점을 '우리 가게'라고 부른다.

지난해에 뉴스를 통해 나는 이러한 가족 경영이 21세기 경쟁력에서도 절대로 뒤지지 않는다는 확신을 얻었다. 가족의 결속력을 기반으로 한 기업이 오히려 능력 위주의 기업들보다 경영의 안정성, 리더십, 기업에 대한 신뢰, 신속한 의사결정 등 여러 측면에서 더 경쟁력이 높다는 것이었다.

아무리 실력이 모든 것을 평정하는 첨단 사회라 해도, 그것만으로 조직을 이끌어갈 수 있는 것은 아니다. 직원들의 결속력, 소속감, 애정, 조화, 균형…. 이런 가치들은 위기의 순간에 더욱 빛을 발한다. 더구나 단순한 공산품이 아니라 마음이 담긴 빵을 파는 과자점에서는 이런 가치들이 더욱 소중하다.

제과 기능인을 꿈꾸는 사람을 위한 조언

요즘 들어 부쩍 제과·제빵에 관심을 갖는 이들이 많아졌다. 경영자 입장에서 반가운 노릇이지만, 잘못된 인식이나 제대로 되지 못한 교육 방법을 선택해 낭패를 보는 경우가 많아 한 마디 하고 넘어가야겠다.

전문대학을 중심으로 인재를 효율적으로 양성할 수 있는 시스템을 하루 빨리 구축하는 일이 시급하다. 몇 년 전 S여대 제과제빵학과의 실습 교육을 해달라는 제안을 받고, 커리큘럼을 받아보고 깜짝 놀란 적이 있다. 실습은 주당 겨우 4시간에 나머지 20시간 이상이 교양 과목과 이론 수업으로 채워져 있었다. 전문대라면 실용적인 노하우를 갖춘 전문가를 키워내는 게 마땅한데, 교실에서 딱딱한 이론만 듣는다고 그게 키워질 리 없다. 그러니 대학을 나와 다시 제과제빵학원으로 들어가는 기현상이 벌어지는 것이다. 결국 주당 8시간의 실습 시간을 갖기로 하고 철저히 실습 위주로 가르쳐 2004년에 첫 졸업생을 배출했지만, 막막한 현실을 보고 앞으로 해결해야 할 과제가 산적해 있음을 실감했다.

외국의 제과학교들은 무조건 실습이 먼저다. 그것도 학교에 실습 기자재를 갖다놓고 교수가 지도하는 게 아니라, 학생 모두를 업체에 보내 현장에서 배우도록 시스템을 만들어두고 있다.

우리의 대형 제과점들도 전문대의 제과제빵 학과들과 결연을 맺어서 학생들에게 자주 현장실습의 기회를 제공하면 결국 제과점들에도 이익이 된다. 학원에서 대충 배워 자격증을 딴 학생들을 데려다 또 가르칠 게 아니라, 제과점이 나서서 처음부터 제대로 가르쳐놓으면 그 학생들을 그대로 실무에 투입시킬 수 있는 것이다. 경쟁력을 갖고자

하는 대학 역시 철저히 실습 위주로 커리큘럼을 개편하고 실습 시설에 투자하거나 학생들을 현장에 내보내 실습을 시켜야 한다. 구색만 갖춰 놓은 반쪽자리 전문인 교육으론 이제 승부를 낼 수 없다.

국내 교육 환경이 열악하다 보니 외국으로 눈을 돌리는 사람들도 많다. 특히 얼마 전 한 드라마에 등장한 르 꼬르동 블루는 이제 모르는 사람이 없을 정도로 유명해졌다. 동경제과학교도 마찬가지다. 학교 내에 한국인 커뮤니티가 있을 정도로 한국인들로 붐빈다고 한다.

그러나 두 학교 모두 학비가 만만치 않다. 르 꼬르동 블루는 10주짜리 초급 과정만도 750만 원. 중급과 고급을 모두 이수해 기술자로 취업할 정도가 되려면 2천 500만원 정도 학비가 들어간다. 게다가 한국 사람들이 이해하고 있는 것과 달리 제과 분야보다는 요리 분야로 더 유명한 곳이라 실상은 조금 다르다. 동경제과학교는 더 심하다. 화과자, 양과자, 빵과자 등 각 분야만도 1~2년 코스로 한 분야만 배우는데 4천 500만 원은 족히 들어간다. 게다가 동경의 살인적 물가에 맞춰 생활하려면 거의 1억은 필요하다.

게다가 유명하다는 이 학교들을 수료하고도 정작 돌아와서 무용지물이 되는 경우가 많다. 제과업이 얼마나 힘들고 고단한 일인지 모르고 환상만 가지고 시작했다가 막상 한국의 현실에 돌아와 보니 기대에 못 미쳐 실망하고 이곳저곳을 전전하다 포기해버리는 사람이 많은 것이다. 또 유학을 했다고 무조건 실력이 생기는 것도 아니다. 일이라는 것은 어차피 실전에서 끝없이 배워나가야 하기 때문이다.

어떤 일이든 겉은 그럴듯해 보이지만, 그 뒤엔 지독한 피와 땀이 숨어 있다. 기술직은 더욱 그렇다. 유학을 고민한다면 낭만적인 생각에 충동적으로 든 생각인지, 아니면 정말로 어떤 어려움이 닥쳐도 꿋꿋이 버텨낼 수 있을 만큼 소명의식을 갖고 있는지 좀더 신중히 고민해보길 권한다.

|| **사람을 믿지 않으면 무엇을 믿으랴** || 나는 한번 사람을 사귀면 굉장히 오래 관계를 맺는 편이다. 친구들은 20~30년 동고동락했던 경우가 대부분이고, 같은 업계의 지인들도 20년이 넘도록 꾸준히 교분을 쌓고 있다. 어떤 관계든 새것보다는 오래 묵은 게 훨씬 좋다. 서로의 옛 모습과 현재를 알고, 그렇게 함께 발전해나가는 모습을 지켜보았기에 신뢰가 쌓이는 것이다.

재료상들과의 관계도 마찬가지다. 지금 김영모 과자점과 거래하는 재료상들 중 일부는 내가 처음 공장장을 했던 보리수 제과점 시절부터 줄곧 인연이 이어져온 분들이다.

간혹 보면, 어떤 제과점은 사소한 일을 가지고도 쉽게 재료상과의 관계를 끝내는 경우가 있다. 원하는 게 있으면 서로 털어놓고 요구할 것은 요구하고 맞출 것은 맞춰가면 될 것을 너무도 쉽게 이리저리 바꾸는 게 영 보기 좋지 않다. 제과점 주인 입장에서야 단순한 거래처지만 대부분이 서민들인 재료상에게는 밥줄과 같은 존재 아닌가.

하지만 이런 나도 재료상을 과감하게 바꿔야 할 때가 몇 번 있었다. 재료상 측에서 신뢰 관계를 무너뜨린 경우들이었다. 앞서 언급했던 대로 좋은 품질의 국산 호두를 납품해주기로 한 영동의 한 농장이 그랬다. 맛이 이상해진 것을 눈치챈 내가 창고를 불시에 방문하자 거기엔 값싼 중국산 호두가 섞여 있었다. 형사 고발은 하지 않았지만 당장 거래를 끊었다. 신뢰가 깨지면 관계 역시 끝날 수밖에 없는 것이다.

몇 년 전에는 오래 거래해왔던 계란 납품업자와 문제가 생겼다. 계란은 따로 가격 결정 협회가 있어서 매일 가격이 변동하는 재료다. 재료 사입을 담당하는 직원은 이 가격을 매일 체크하고 구입가를 융통성 있게 협상해야 한다. 그런데 어느 날 직원이 보니 인상된 가격은 즉시 적용하면서 인하된 가격은 자꾸 미적거리며 적용하는 것이 아닌가. 직원은 즉시 항의를 하고 계란 가격을 조종하였다.

얼마지 않아 다시 또 문제가 생겼다. 공급업자는 창고의 정해진 곳에 늘 계란을 쌓아두는데, 어느 날 직원이 계산해보니 남아 있는 계란 판 위에 새 계란 판을 올린 후 더 많이 공급한 것처럼 속이더라는 것이다. 직원은 더 정확한 확인을 위해 재고에 표시를 해두고 몇 주를 더 지켜보았다. 그런데 거의 매번 공급할 때마다 이런 거짓말이 반복되고 있었다. 도대체 언제부터 시작된 것인지 알 수가 없었다.

직원의 보고를 들은 나는 공급업자를 불러 언제부터 수량을 속여 왔는지 따져 물었다. 그리고 결국 거의 1년이 넘도록 이런 사기 행각을 계속해왔다는 걸 알아냈다. 거래를 끊겠다고 소리를 치는 내 앞에서 공급업자는 잘못했다며 백배사죄를 했다. 믿고 거래해온 사람들이 이런 거짓말을 해왔다는 데 더 큰 배신감을 느꼈다.

내부에서는 형사 고발을 해야 한다는 주장도 있었지만, 결국 나는 그분들에게 다시 기회를 주기로 했다. 마진도 얼마 없는 계란 납품으로 어렵게 사는 분들이 눈물까지 흘리며 사과하는데 다시 믿어보고 싶었다. 사람이 사람을 믿지 못하면 무엇을 믿겠는가? 몇백 판의 계란을 받아야 할 상황이었지만, 속여온 물량의 일부를 매번 납품할 때마다 조금씩 보충하기로 하고 결론을 지었다.

그 이후로 공급업자의 태도는 백팔십도 달라졌다. 지금도 나만 만나면 다시 기회를 주어서 고맙다며 몇 번씩이나 인사를 한다. 내가 먼저 믿어주면 그쪽에서도 나를 진심으로 대해주는 것이다.

주변에 보면 사람을 믿지 못하고 자꾸 의심하는 사람들이 오히려 더 사기를 많이 당하는 걸 볼 수 있다. 의심이 간다고 툭하면 재료상을 바꾸면 그만큼 재료 공급이 들쭉날쭉해져 품질을 관리하는 데 손해를 본다.

오래 거래하면 거래할수록 재료상들이 나태해져서 마진을 높인다고 하지만, 그렇지 않다. 내 경우는 늘 시장 조사를 해두어 가격에 관한 정확한 데이터를 뽑아두고 너무 비싸다 싶으면 시정을 요구한다. 거래상도 내 의견을 받아들여 가격을 조정해준다. 또 A사와 거래하는데 B사에서 파는 물건이 필요하다면, B사와 직접 접촉하기보다는 수수료를 주더라도 A사에게 B사의 물건을 사다 달라고 부탁한다. B사의 물건이 필요하지만 A사와의 신뢰 관계를 깨뜨리지 않는 것이 훨씬 더 중요하기 때문이다.

식품을 거래하는 관계에서는 이런 신뢰가 거의 생명과 같다. 아무도 믿지 못하고 늘 거래처를 불신하는 업주들은 빵의 품질에 대해서도 자신하기 힘들 것이다. 하지만 나는 재료상들에게 내 믿음을 주었고 그들이 그것을 지켜줄 것을 알기에, 빵의 품질에 대한 당당한 자부심을 가질 수 있다.

‖ **나를 위해 드리는 기도** ‖

모든 경영자에겐 두려움이 있다. 아무리 뛰어난 경영자라 해도 마찬가지다. 가장 큰 두려움은 '과연 내가 잘하고 있는가?' 하는 것이다. 위기의 순간에 선택을 내려야 할 때, 결단을 해야 할 때, 무언가와 맞서 싸워야 할 때, 직원의 결속이 절실히 필요할 때, 이런 때면 두려움은 더욱 커진다.

'과연 나는 리더십이 있는가?', '직원들이 내 의견을 따라줄 것인가?', '내 의견은 전적으로 옳은가?', '나의 이 결단이 우리 회사를 옳은 방향으로 인도해줄 것인가?'

때로는 누군가 높은 곳에 있는 분이 내가 가야 할 방향을 가르쳐줬으면 하는 생각도 든다. 그런 일이 있을 리 없으니 여러 사람에게 조언을 구하고 임원이나 직원들의 의견을 묻는다. 그러나 결국 결정해야 할 사람은 나다. 그리고 그에 대한 책임도 내가 져야 한다. 리더는 사실 불확실성과 두려움의 세상 속에서 떨고 있는 아주 나약한 존재일 때가 많다.

경영자라면 모두들 나름대로 자신감을 회복하고 마음을 다스리는 방법을 가지고 있을 것이다. 머리를 완전히 비워서 처음부터 다시 생각하는 것도 방법 중 하나다. 문제를 잊고 휴식을 취하거나 책을 읽다가 우연히 해결의 실마리를 얻을 때도 있다. 그러나 뒤로 돌아 아무리 제 머리를 쥐어뜯는 한이 있어도 경영자는 이런 말을 해선 안 된다. "아, 도대체 뭐가 뭔지 나도 모르겠으니 당신이 좀 어떻게 해보시오!" 모든 상황은 경영자가 만든 것이고, 그것을 해결하는 것도 경영자의 몫이기 때문이다.

언젠가 아주 심각한 담판을 지어야 할 일이 있었다. 상대방에 화가 많이 났기에 내 평소 성격대로라면 분명히 고성이 오가고, 멱살까지 잡을 수도 있었다. 하지만 리더인 나는 인간인 나보다 좀더 현명해야 했다. 차를 몰고 가면서 나는 나 자신을 향해 끊임없이 중얼거렸다.

"진정하자. 우선 그 사람의 이야기를 먼저 들어보자. 그리고 내 이야기를 하자."

나는 이미 혼자 생각으로 맘대로 행동할 수 있는 사람이 아니었다. 나는 130명 과자점 직원의 대표였다. 어느 새 나는 기도를 하고 있었다.

"하나님, 지금 저는 중요한 사람을 만나러 갑니다. 제가 그 사람에게 상처주는 말을 하지 않도록 도와주십시오. 인간적으로 잘 처신하도록 해주십시오. 저 자신을 자제하고 스스로를 낮추게 해주십시오. 저의 겸손함이 상대방의 굳게 닫힌 마음의 빗장을 열게 해주십시오."

기도의 효과는 컸다. 나는 침착한 마음 상태로 상대를 만날 수 있었고, 그의 의견을 충분히 듣고 이해할 수 있었다. 물론 나의 그런 태도는 상대의 마음도 열었다. 내가 혼신을 담아 전한 설득은 받아들여졌다.

때로는 정답을 모두 아는 듯 강하게 행동하는 사람들이 부럽다. 하지만 리더가 너무 강하면 독단으로 치달아 오히려 일을 망칠 수도 있다. 적당한 두려움은 오히려 좋은 결과를 가져다주기도 한다.

나는 나를 믿으면서 한편으로 끊임없이 의심한다. 내 생각에 확신을 가지면서 한편으로는 자신이 없다. 나는 직원들을 강하게 이끌지만, 내심 그들이 정말 진정으로 나를 따라주는 것인지 늘 걱정된다. 나는 이렇게 약하다. 그래서 어쩌면 나는 더 좋은 경영자가 될 수 있는지 모른다.

6

수백 년 전통을 잇는 빵집을 꿈꾸며

좋은 남편, 그리고 존경받는 아버지 되기

‖ 결혼기념일의 약속 ‖

결혼기념일이 다가오면 우리 부부는 TV 옆에 놓인 빨간 돼지저금통을 하루에도 수십 번씩 들여다보곤 했다. "고녀석, 올해는 꽤 토실토실하네!" 아내는 지갑에서 100원짜리 동전을 꺼내 집어넣는다. "이건 오늘 콩나물 사고 남은 잔돈."

나도 주머니에 손을 넣어보았다. 100원짜리 4개, 50원짜리 2개. 하루에 500원이면 오늘은 꽤 많은 편이다.

우리는 방바닥에 누워 빨간 돼지저금통을 손에 들고 짤랑짤랑 흔들었다. 30만 원이면 설악산, 50만 원이면 제주도엘 갈 것이다. 우리 결혼기념일은 10월이라서 여행하기에 딱 좋다.

신혼여행을 못 간 대신 매년 결혼기념일에 여행을 가겠다던 약속, 그 약속을 지난 25년 동안 잊어본 적이 없다.

여행 경비를 따로 빼내기 힘드니 1년 동안 이렇게 돼지저금통에 저금을 하기로 한 것이다. 아내도 나도 밖에서 쓰고 남은 잔돈을 몽땅 저금통에 넣었다. 그래봤자 하루에 300~500원이 고작이었지만, 그래도 1년을 열심히 모으면 이 돈도 만만치 않았다. 결혼 초기에는 10만 원 정도 모였고, 사업을 하고부터는 30~50만 원까지 불었다.

초기에는 직장에 다니니 휴일에 맞춰 당일 여행을 다녀왔다. 첫 결혼기념일에는 갓난쟁이인 첫째를 안고 월미도에 다녀왔다. 버스에 시달린 것 외에는 바다 보고 회 먹은 것이 전부였지만, 그래도 우리는 마냥 좋았다.

두 번째 기념일에 아내는 만삭이었다. 출산 예정일을 겨우 보름 앞두고 있었지만, 그렇다고 여행을 포기할 수는 없었다. 큰아이를 품에 안고 뒤뚱거리는 아내 손을 잡고, 자연농원에 다녀왔다. 아이가 너무 어리고 임신부도 있으니 놀이기구는 타지도 못했다. 그래도 좋았다.

하지만 사업을 시작하고 우리의 여행에는 위기가 닥쳤다. 돼지저금통은 예전보다 훨씬 불룩해져 있었고, 공장도 내가 하루 이틀 빠진다고 크게 티가 나지 않았다. 마음만 먹으면 동해안도 남해안도 갈 수 있었다.

그런데 아내도 나도 결혼기념일이 코앞으로 다가오도록 여행 얘기는 한 마디도 꺼내지 않았다. '매일 붙어 지내면서 하루가 멀다 하고 지겹도록 싸우는데 또 여행을 같이 가야 하나?' 오히려 단 하루라도 서로에게서 벗어나보는 게 소원이었던 것이다.

마침내 기념일 하루 전날 밤, 나는 아내에게 짐을 싸라고 말했다.

"짐을 왜 싸요?"

"여행 가야지."

"싫어요."

"가자. 올해부터는 아이들 다 떼놓고 우리 둘만 갔다 오자."

"…싫어요."

"어허, 빨리 짐 싸라니까."

아내는 입을 삐죽거리며 억지로 짐을 쌌다. 그렇게 우리는 그해 결혼기념일을 동해안에서 보냈다. 숙소인 콘도에 도착하기 전까지도 잔뜩 골이 나 있던 아내. 나는 우리 둘만의 공간에 들어오자마자 아내의 어깨를 주물러주고, 곱다고 칭찬을 하고, 농담을 해서 아내를 웃기기 시작했다.

그러고 보니 사업을 시작하고부터 둘이서 이런 시간을 가질 기회가 전혀 없었다. 늘 챙겨주던 자상한 남편이 하루아침에 무서운 공장장으로 변해 소리치고 야단치는 것밖에 안 했으니, 아내는 얼마나 힘이 들었을까?

낮에 싸우더라도 밤이 되면 그걸 풀어야 하는데 밤낮없이 일에 치이는데다 늘 아이들이나 직원들과 붙어 지내야 하니. 우리 부부만의 침실이 생긴 것도 1988년에 이르러서였다.

그 해의 동해안 여행으로 아내의 마음은 어느 정도 풀어졌다. 만약 서로 골이 난 채로 여행을 생략했다면 불만의 골은 더 깊어졌을지 모른다. 이후로도 우리는 수없이 싸웠지만, 그래도 10월 결혼기념일이 돌아오면 모른 척하고 가방을 쌌다. 여행 기간도 2박 3일, 3박 4일로 점점 늘어났고, 전국을 거의 다 돌았다. 아내는 항구를 좋아하고 나는 사찰을 좋아하니 둘 모두를 함께 볼 수 있는 코스로 많이 잡았다.

우리의 결혼기념일 여행은 신혼여행이다. 그래서 나는 되도록 오붓하고 낭만적인 여행이 되도록 유도했다. 로맨틱한 무드를 위해 아내 몰래 초와 음악 테이프, 와인 등을 챙겨가기도 한다. 옷도 아무렇게나 입지 않고 둘 다 잔뜩 멋을 낸다.

콘도에 가도 아내는 음식 장만 걱정은 버린다. 편하게 쉬고, 둘이 얼굴 쳐다보며 얘기를 많이 한다. 저녁에는 근사하게 차려입고 양식집에도 찾아간다. 은은한 조명 앞에서 얌전하게 스테이크를 써는 아내의 얼굴은 여전히 곱다. 여기에 와인 한잔까지 곁들이면, 연애하던 시절처럼 가슴이 콩닥콩닥 뛰는 것이다.

"당신 결혼식 하고 딱 한 번 신혼여행 갔다 오는 것보다 이렇게 매년 신혼여행 가는 게 훨씬 좋지 않아?"

아내는 "피~" 하며 고개를 젓는다. 평생 반복하며 갚아준다 해도 역시 남들 다 가는 진짜 신혼여행만은 못한 모양이다.

우리 부부를 구해주세요

개업 초기, 우리들의 부부싸움 주제는 늘 빵이었다. 빵이 조금만 잘못돼도 쓰레기통에 버리는 나, 아까운 음식을 왜 버리느냐며 말리는 아내. 공장에서든 매장에서든 뭐든 대충 넘기는 꼴을 못 보고 직원들에게 소리 지르는 나, 조용조용 푸는 게 좋지 않겠냐며 사정하는 아내…

우리의 하루는 매일 이런 일의 반복이었다. 나야 사장이니까 내 마음대로 소리 지르고 화낼 수 있었지만, 아내의 입장은 또 달랐다. 화가 난다고 남편에게 대들고 소리 지른다면 직원들이 어떻게 보겠는가?

사장에 대한 존경심 없이 빵집이 어떻게 운영되겠는가? 그러니 속으론 아무리 부글부글 끓어도 직원들 앞에서는 고분고분해야 하는 것이었다. 그렇게 꾹꾹 눌러 담으니, 아내는 화를 참기만 할 뿐 풀 수가 없었다.

나는 워낙 다혈질이라 버럭 소리를 지르고도 이내 까맣게 잊어버렸다. 아내에게 다가가서 "당신 배 안 고파?" 하고 아무렇지도 않게 물어보면, 아내의 얼굴에는 쌩하니 찬바람이 불고 있었다. 불과 한 시간 전에 무섭게 화를 낸 사람이 생글생글 웃으며 말을 거니, 자길 놀리는 건지 장난을 치는 건지 더 부아가 치솟았던 것이다.

하지만 나는 그런 모습을 이해할 수 없었다. 싸운 건 싸운 거고, 부부 사이는 부부 사이인데, 왜 그걸 뒤섞어놓는지 답답하기만 했다. 아내는 미안하다는 다정한 사과가 듣고 싶은 모양이었지만, 나로서는 그럴 필요성을 전혀 느끼지 못했다. 결국 한도 끝도 없는 신경전을 벌이다가 내 쪽에서 집을 뛰쳐나온 적도 많았다. 갈 데가 없어 결국 한두 시간 싸돌아다니다가 집으로 돌아오는 것밖에 별 수는 없었지만.

돌아와서 아내 얼굴을 보면 웃음이 났다. 뭐가 그리 심각하다고 싸우고 집을 나간 건지, 결국 아내에게 애교를 부리고 잘못했다고 비는 걸로 끝이 났다. 하지만 매번 이런 일이 반복되니 사는 게 너무나 피곤했다. 싸우고 푸는 것도 마음에 여유가 있어야 가능한 일인데, 서로 피곤하니 말 한 마디에도 신경이 거슬리고 감정이 상하는 일이 계속되었다.

싸우고 나면 그런 상태가 며칠씩 지속되는 경우도 있었다. 숨이 막혔다. 이대로라면 우리 결혼 생활에 큰 위기가 올 것만 같은 불길한 예감이 들었다. 어느 날 나는 여전히 토라져 있는 아내를 불러놓고, 도저히 안 되겠으니 교회라도 나가자고 말했다. 나야 어릴 적에 작은어머니 손을 잡고 교회에 간 적이 있지만 아내는 교회 문턱에도 가본 적이 없는 사람이었다. 하지만 자기도 예사 위기가 아니라는 걸 느꼈는지 이내 고개를 끄덕였다.

아는 사람의 소개로 한 교회를 찾았다. 마침 목사님은 성경을 인용해 사랑하는 부부 관계의 참모습에 대한 설교를 하셨다. 우리는 서서히 힘겨운 세상살이에 지쳐 점점 잊어가고 있었던 본질을 발견해나갔다. 본래 한몸이었던 우리, 나의 갈비뼈요 나의 살인 아내의 소중함이 뼈저리게 느껴졌다. 우리는 서로 꼭 끌어안고, 앞으로 더욱 소중히 섬기고 사랑하겠노라고 약속을 했다.

이후로도 우리는 여전히 싸웠지만 예전 같지는 않았다. 싸우면서도 조심했고, 서로 상처를 주지 않으며 소중히 대할 줄 알게 되었다. 나는 소리를 지른 후에 곧바로 미안하다고 사과하는 법을 배우게 되었고, 아내는 "당신이 옳아요. 당신 판단에 맡기겠어요"라고 말해주었다.

나이가 들어가니 죽마고우 중에서도 아내만한 친구가 없다. 나는 일도 휴식도 여행도 모두 아내와 함께 한다. 우리는 사업 이야기며 아이들 이야기며 앞으로 살아갈 계획들을 나누느라 잠시도 입을 다물지 못한다. 그리고 여전히 여자로서, 남자로서 서로에게 매력을 느낀다. 그건 늘 노력하는 모습, 배우려는 새로운 모습을 보여주기 때문일 것이다.

쉰을 넘긴 우리 부부는 이제부터 하이라이트다. 30대 때는 일하느라 바빠서 많이 사랑하지 못했고, 40대 때는 아이들 키우느라 바빠서 많이 사랑하지 못했다. 이제는 한눈팔지 않고 서로에게 집중할 수 있게 되지 않았는가.

좋은 아버지 딜레마

큰아들 재훈이가 초등학교 2학년 때쯤의 일이다. 어느 날 멀쩡히 입고 나갔던 겉옷이 사라진 채 아이가 학교에서 돌아왔다.

"너, 옷이 왜 없니?"
"몰라요. 없어졌어요."
"왜 없어졌니?"
"몰라요."
"찾아봤니?"
"없어졌는데 어떻게 찾아요?"

속에서 울컥 하고 화가 치밀었다. 생각 같아선 엉덩이를 때려주고 싶었지만, 그건 내가 어린 시절 수없이 당했던 방식일 뿐이었다. 나는 다른 방법을 생각해냈다. 재훈이를 완전히 발가벗겨 밖으로 내쫓았다. 옷이 귀한 줄 모르는 녀석이니 옷 없이 한번 살아보라며 팬티까지 벗겨서 내몬 것이다. 수치심을 알 만한 나이에 얼마나 놀랐겠는가. 당시 우리 아파트가 5층이었는데 이웃집에 사는 친구에게 들키지 않으려고 엘리베이터가 멈출 때마다 층계참을 오르락내리락 하며 사투를 벌인 모양이었다. 한 시간쯤 뒤에 아내가 안쓰러웠는지 몰래 팬티 한 장을 건네주는 것 같았다. 하지만 그걸로 창피함을 다 가릴 수는 없었다. 3시간이 넘게 흐르니 문 밖에서 훌쩍훌쩍 우는 소리가 들렸다.

나는 문을 열고 들어오라고 했다.

"아무것도 안 입고 밖에 있어보니 어떻더냐?"

아이는 훌쩍거리며 아무 말도 못했다. 나는 한 마디를 덧붙였다.

"네가 가진 물건들을 소중히 여길 줄 알아야 한다."

이후로 큰아이는 물건을 간수하는 데 훨씬 신중해졌다. 이후로도 자전거며 도시락 통이며 많은 물건들을 잃어버렸지만, 그래도 끝까지 찾으려고 애썼다.

두 아들에게 나는 공포의 대상이었다. 일단 잘못이 눈에 띄면 인정사정 봐주지를 않았다. 한번은 성적표를 가져오라고 했더니 둘째 영훈이가 등수를 몰래 고쳐서 가져왔다. 어린 시절 한두 번은 해보는 짓이라지만, 나는 이번에도 화를 누를 수가 없었다. 당장 구두주걱을 가져다가 녀석의 종아리를 사정없이 때렸다.

때리고 나면 후회가 밀려왔다. 아이는 울다 지쳐 잠이 들고, 살짝 이불을 들어 종아리를 보니 피멍이 들어 있었다. 연고를 가져다 발라주는데 아이는 자면서도 끙끙 신음소리를 내는 것이었다.

'내가 아버지로서 잘하고 있는 것일까?' 확신을 할 수가 없었다. 이제까지 좋은 아버지가 어떤 것인지 한 번도 경험해본 적이 없었다. 내가 아는 아버지란 집안은 나 몰라라 하고 가끔 들어와 소리나 지르고 물건을 때려 부수는 사람들뿐이었기 때문이다.

나는 누구보다도 좋은 아버지가 되고 싶었다. 내가 좋은 아버지와 산 경험이 없었기 때문에, 내 아이들에게만은 그걸 대물림하기 싫었다. 혹시라도 내 안에 나도 모르게 아버지와 닮은 구석이 있는 것은 아닐까 늘 걱정이었다. 그런데도 일단 화가 나면 참지 못하고 다 퍼붓고 마는 것이었다. 그나마 작은아이는 낙천적인 성격이라 혼이 나도 금세 툴툴 털고 말았지만, 큰아이는 섬세해서인지 내 표정이 조금만 굳어도 겁에 질려 부들부들 떨곤 했다.

그래서인지 큰아이는 내게 거짓말을 많이 했다. 내가 조금만 다정한 아빠였다면 솔직할 수 있었을 텐데, 혼날까봐 지레 겁을 먹고 둘러대는 것이었다.

한번은 중학교에 다니던 재훈이가 친구들과 스케이트장에 가면서 독서실에 간다고 거짓말을 했다. 아내가 간식을 싸들고 독서실에 찾아갔는데 그곳에 등록조차 되어 있지 않았다. 아버지가 무서워서 거짓말을 하는 아이를 이해 못하는 바 아니었지만, 나는 또 이성을 잃었다. 그날 저녁 재훈이에게 커다란 짐 가방을 던져주고 집을 나가라고 했다.

"아버지는 거짓말 하는 사람과는 못 산다. 너를 내 아들로 인정할 수 없으니 나가거라."

처음에는 설마 하는 표정을 짓던 아이는 곧 사태의 심각성을 깨달았다. 재훈이는 공장으로 쫓겨 갔다. 직원들에게는 최대한 부려먹으라고 미리 단단히 일러두었다. 마침 방학이라 직원들은 새벽부터 밤늦게까지 빵통을 옮기게 하고 밀가루 포대 정리를 시켰다. 설거지도 몽땅 녀석에게 시켰다. 녀석의 외삼촌도 기숙사에 묵으며 일을 배우고 있었는데, 이틀이 지나자 아이가 제 외삼촌을 보고 눈물을 흘리며 이렇게 말하더란다.

"외삼촌, 저 정말 이제 부모가 없나 봐요. 이제 고아가 되었나 봐요."

내 성격을 잘 아니, 다시 집으로 돌아갈 수 있다는 희망조차 버린 것이었다. 3일째 되던 날 어떻게 하고 있나 살짝 들여다보니, 아이는 완전히 녹초가 되어 있었다. 늘 머리 모양과 옷매무새에 신경 쓰던 아이인데 머리는 사방으로 뻐쳐 있었고 피부도 푸석푸석해서는 반쯤 넋이 나간 얼굴로 이리저리 불려 다니고 있었다. 그만하면 고생 좀 했겠다 싶어 아내를 시켜 집으로 불러들였다.

초인종이 울렸을 때, 내가 직접 문을 열어주었다. 쭈뼛대는 아이에게 나는 "배고프지? 밥 먹자" 하고 다정하게 말을 건넸다. 밥을 떠먹다 말고 아이가 흐느껴 울기 시작했다. 아내가 등을 토닥토닥 두들겨주었다. 그걸로 끝이었다. 더이상 잔소리나 훈계는 하지 않았다. 체험 고아가 되어 3일이나 고생을 했으니 먹고 사는 게 얼마나 힘든지, 부모님 아래서 편하게 공부하는 것이 얼마나 큰 축복인지 깨달았을 것이다. 다음날 나는 3일치 급료를 주면서 수고했다고 말해주었다.

두 아이 모두를 영국으로 유학 보내기 전 사진관에 가서 가족사진을 찍은 적이 있었다. 내가 옆에 서 있다는 이유로 카메라 앞에서 웃지도 못하는 아이들을 보면서, '내가 잘못했구나 그렇게 엄하기만 해서는 안 되는 거였구나' 하고 후회를 많이 했다.

좋은 아버지가 되려면 잘못은 호되게 꾸짖되 반드시 그 이면으로 진심을 보여줘야 했다. 꾸지람이 있으면 칭찬이 있어야 하고, 회초리가 있으면 상처를 보듬어주는 자상함도 있어야 했다. 나는 한쪽으로 너무 치우친 아빠였던 것이다. 특히 빵을 배우기로 한 영훈이와는 달리 첫째 재훈이와는 대화할 기회도 적었던 게 마음에 걸렸다.

어느 날 영국에서 대학에 진학한 재훈이에게 전화를 걸었다.

"사랑한다. 아버지는 너를 믿는다."

너무 큰 충격이었을까? 아이는 말을 잇지 못했다. 그 엄했던 아버지가 이런 식으로 자기표현을 할 줄은 상상도 못했던 것이다. 한참 숨을 고르는 소리가 들리더니 이윽고 아들 녀석의 말이 들려왔다.

"고맙습니다, 아버지. 저도 많이 사랑하고 감사합니다."

그 이후로 우리 부자는 조금씩 마음을 열고 대화를 하기 시작했다. 이제는 남자 대 남자, 성인 대 성인으로 서로 존중하며 바라볼 수 있게 되었다.

얼마 전 방학을 맞아 잠시 귀국한 재훈이가 고맙다는 말을 했다. 아버지가 엄했던 건 사실이지만 잘못을 고쳐주었으니 감사하다는 것이다.

"아버지, 저도 아버지가 되면 엄한 아버지가 될 것 같아요. 아버지가 제게 하셨던 것처럼 예의, 성실성, 정직성, 자기기준 같은 걸 확실히 가르쳐야죠. 하지만…"

"하지만?"

"하지만 전 좀더 표현을 많이 할 거예요. 혼내더라도 감정을 식혀서 어머니가 하시듯 편지 같은 걸로 전달하기도 하고, 사랑하고 있다는 걸 알려줄 거예요."

내가 도달한 것과 똑같은 결론이었다. 내 아들은 그걸 일찍 알게 돼 기쁘다.

아버지보다 가방끈이 짧은 중졸 아들

|| **공부와는 담을 쌓은 녀석** || 둘째 영훈이가 자기 입으로 빵을 만들겠다고 한 건 초등학교 3학년 때였다. 녀석은 지독하게 공부를 안 했다. 공부하라고 책상 앞에 앉혀 놓으면 5분도 못 버티고 몸을 비틀었다. 과외 선생님을 붙여주어도 소용이 없었다. 선생님이 한 시간을 열심히 설명하고 "뭐 물어볼 거 있니?"라고 물으면, 영훈이는 "선생님, 애인 있어요? 첫사랑은 언제 했어요?" 하고 천연덕스럽게 묻곤 했다. 수학문제를 풀어보라고 하면 "이걸 왜 해야 하는데요?" 하고 딴청을 부렸다. 결국 선생님들은 석 달을 채우지 못하고 두 손을 들었다.

어느 날 나는 아이를 불러서 얘기를 해보았다. "공부를 못 해도 좋지만 적어도 고등학교는 나와야 할 거 아니냐?" 그러자 영훈이가 이미 고민을 했었던 듯 심각하게 말했다.

"아빠, 나는 책만 보면 머리가 아파. 공부는 내 체질이 아닌 것 같아."

"그래? 그럼 너 뭐 할 건데?"

"나 빵 만들래."

"진짜?"

"응, 진짜야."

나는 내심 기뻤다. 아들 둘 중 적어도 하나쯤은 내 뒤를 이어주었으면 하고 바라고 있었는데 이 녀석이 제 입으로 빵을 굽겠다고 말하다니. 하지만 초등학교 3학년이 공부하기 싫어서 무슨 말을 못하겠는가? 그게 진심인지 확인을 해볼 필요가 있었다.

방학이 되면 나는 두 아이 모두 공장에서 일을 시켰다. 팔에 힘이 생길 때부터 공장엘 보내 하다못해 밀가루 포대라도 옮겨야 용돈을 주었다. 그렇게 매일 한 공간에서 일을 하고 있다 보면 아이들의 성격과 특성도 파악할 수 있었다. 나는 아이들에게 심부름도 자주 시켰다.

"재훈아, 가게에 내려가서 쟁반들 좀 다 챙겨 오거라."

"알겠습니다."

재훈이는 입고 있던 가운을 벗고 모자와 앞치마도 벗어서 구석에다 개어놓는다. 내려가면서 흘끗 거울을 보기도 한다. 하지만 영훈이는 달랐다.

"영훈아, 내려가서 우유 식빵하고 초코 크림빵 몇 개 남았는지 알아 오너라."

"예!"

녀석은 손을 앞치마에 쓱쓱 문지르고는 거침없이 매장으로 향한다. 모자와 가운, 앞치마를 모두 입은 채였다. 매장에서 친구나 친구 부모님들과 마주칠 때에도 두 아이의 반응은 확연히 달랐다.

"재훈이구나! 여기서 뭐 해?"

"응, 뭐, 아니… 그냥 있는 거야."

하지만 영훈이는 물어보기도 전에 자랑부터 했다.

"야, 나 어때? 폼 나지? 나 여기서 방학 동안에 일한다. 너 빵 만들 줄 알아? 나 요즘 그거 배운다. 빵 만드는 게 얼마나 어려운데!"

두 아이에게 바닥 청소를 시켜 봐도 달랐다. 빵 공장 바닥은 설탕, 케이크와 과자 부스러기가 찐득하게 눌러 붙어 있기 십상이었다. 그걸 깨끗이 청소하려면 바닥에 붙은 걸 긁어내 쓸어 담고 물걸레질까지 해야 한다. 첫째 아이는 그 일을 싫어한 반면, 둘째는 바닥에 퍼질러 앉아서 그 딱딱한 것을 기를 쓰며 다 긁어내곤 했다.

어른 몸에나 맞는 큰 가운을 걸치고, 자기 몸보다 더 무거운 밀가루 포대를 옮기겠다고 낑낑거리며, 자기 키보다 높은 작업대 앞에서 까치발을 하며 일을 돕는 둘째의 모습은 늘 씩씩하고 활기에 넘쳤다. 이런 모습을 보면서, 나는 빵을 만들겠다는 영훈이 말이 빈말이 아니라는 걸 알 수 있었다. '저 녀석이 정말로 빵을 좋아하는구나, 해내겠구나' 하는 확신이 들었다.

그때부터 나는 영훈이에게는 공부하라는 말을 일절 꺼내지 않았다. 무조건 하고 싶은 것을 다 하도록 시켰다. 학원 한 번 다니게 하지 않았고, 성적이 바닥으로 떨어져도 뭐라 하지 않았다. 다른 아이들이 책상 앞에 앉아 수학이나 과학 문제를 풀고 있을 때, 영훈이는 운동장에서 신나게 공을 차고 놀이터 흙 위를 뒹굴며 놀았다. 공원 분수대에 들어가 온몸을 적시며 장난을 치다가 넘어져서 턱이 깨지고 무릎에는 늘 시퍼런 멍을 달고 살았지만, 녀석은 아주 행복해 보였다.

빵을 만들겠다고 호언한 이후로 영훈이는 매일 가게로 달려왔다. 매장 누나들에게 애교를 부리기도 하고 공장 형들에게도 귀여움을 떨었다. 귀동냥으로 이런 저런 말을 듣고 내게 아는 척을 하기도 했다.

"아빠, 소보로 빵은 양면으로 소보로를 묻히면 맛이 없다며?"
"베이킹파우더를 너무 많이 넣으면 과자가 텁텁하지, 그렇지?"
나는 짐짓 감탄한 척을 했다.
"와, 네가 그런 것도 아니?"
"그럼, 빵집 아들인데 그런 것도 모를까봐?"

우연히 만난 스승 필립 이리아르

영훈이가 중학교 2학년에 올라간 해, 나는 과감히 녀석을 유학 보내기로 결심했다.

"유학이요?"

"그래, 가서 빵을 배워 와라."

"정말요? 와아, 신난다!"

녀석은 탄성을 질렀다.

초등학교 3학년 때, 둘째가 빵을 만들겠다고 말한 후부터 아이를 어떻게 교육시킬지 많이 고민했다. 방학 때마다 공장에서 일을 시키면서 아이의 근성을 테스트했다. 공장에서는 감히 반죽을 할 수 없지만, 기본적인 재료를 가져다 집에서 빵을 구워보게도 해주었다. 아이는 신이 났다. 하지만 뭔가를 더 원했다. 따분한 학교 생활에서 벗어나 빨리 정식으로 빵을 배우고 싶어 했다.

사실 갈등이 많았다. 아무리 공부를 못해도 최소한 고등학교는 졸업해야 한다는 한국인의 정서, 내게도 그 정서는 어느 정도 있었다. 한편으로는 그게 뭐가 대순가 하는 생각도 들었다. 나 역시 고등학교를 다 못 마쳤지만 빵을 굽는 데는 전혀 문제가 없지 않은가?

또 다른 문제는 학교를 그만두게 하고 제과 공부를 시킨다면, 어디서 배우게 할 것인가 하는 문제였다. 대부분의 제과 기능사 지망생들처럼 제과제빵학원을 보내야 하나? 아니면 우리 공장에서 잡일부터 시키며 현장 실무를 쌓게 할까? 하지만 나는 그 이상을 원했다.

해외 연수를 하면서 가장 아쉬웠던 것은 내가 외국어를 모른다는 것이었다. 바로 눈앞에 30~40년 경력의 베테랑 장인이 엄청난 지식과 정보를 쏟아놓고 있는데, 통역의 도움을 빌어 핵심이 다 지워진 이야기를 듣고 있어야 하다니. '외국어에 능통하다면 더 많은 걸 배울 수 있을 텐데' 하고 늘 아쉬워 했다.

여러 문제를 놓고 고민하다가, 영훈이가 6학년이 될 무렵에 생각을 정리했다. 그해 결혼기념일 여행에서 나는 아내와 이 문제를 놓고 긴 논쟁을 벌였다.

"그 어린 애를 외국으로 유학을 보내자니요? 안 돼요!"

아내는 떨어져 있어야 한다는 이유만으로도 결사반대였다. 하지만 나는 아내를 설득했다.

"외국에는 기숙사 시설이 잘돼 있고, 독립심을 길러주는 데도 좋을 거요. 무엇보다 영훈이가 나보다 훌륭한 제과 기능사가 되려면 외국어를 잘 알고, 제대로 체계적으로 배워야 하지 않겠소."

계속 반대를 하던 아내는 더 이상 할 말이 없는지 화제를 돌렸다.

"그럼 재훈이는요? 동생만 보내면 형 기분이 어떻겠어요?"

그건 전혀 생각해보지 않은 문제였다. 하긴, 유학이라는 엄청난 특권을 동생에게만 누리게 한다면 형인 재훈이가 분명 상처를 받을 것이었다. 하지만 그렇다고 두 아이 모두를 떠나보내면 우리가 허전해서 어떻게 살겠는가.

그렇게 계속 고민을 하고 있는데, 아내가 임신을 했다. 그리고 얼마 후 막내딸 은혜가 태어났다. 눈에 넣어도 아프지 않을 늦둥이 은혜가 태어나자 아내는 사랑하는 두 아들을 동시에 외국으로 보낼 용기를 낼 수 있었다.

은혜의 돌잔치를 끝내자마자, 두 아이는 영국으로 떠났다. 우선 두 아이 모두 영어를 배우고 현지 적응력을 기르는 데 치중했다. 영훈이가 3년 동안의 중학교 생활을 마치고, 어디로 보내 교육을 시킬까 고민하고 있던 무렵, 기회는 아주 우연히 찾아왔다.

아내와 함께 유럽 여행길에 오른 나는 파리로 가는 비행기 안에서 옆 좌석에 앉아있는 필립 이리아르라는 프랑스의 유명한 제과 기술자를 만났다. 이전에 그가 세계제과대회에서 한국 대표팀의 트레이너로 일한 적이 있어 초면은 아니었다. 그도 아내와 함께 여행 중이었는데 알고 보니 한국인이었다. 우리는 인사를 한 뒤 이런저런 이야기를 나누었다. 그는 설탕 공예, 초콜릿 공예, 아이스 카빙 분야에 특히 조예가 깊었는데, 얘기 도중에 그가 리옹에 있는 자신의 빵집에서 제자들을 가르치고 있다는 걸 알게 되었다. 이거다 싶었다.

"이리아르 씨, 제 아들을 부탁드려도 되겠습니까?"

"물론입니다. 언제든 보내십시오."

그는 흔쾌히 수락했다. 이렇게 해서 영훈이는 영국에서 중학교를 졸업하자마자 얼른 짐을 꾸려 프랑스로 옮겨갔다. 드디어 빵 공부가 시작된 것이다.

내 마음이 다 설레었다. 꼭 내가 유학을 가는 기분이었다. 영훈이가 영어에 이어 프랑스어까지 배우고, 또 그곳의 훌륭한 시스템 속에서 제빵 공부를 한다면, 언젠가 그 녀석이 돌아와 내게도 그 지식을 나눠 줄 것이 아닌가? 그러니 영훈이의 공부는 내 공부이기도 했다. 정말 신나는 일이었다.

프랑스는 빵의 종주국인 만큼 제과 분야의 교육 시스템이 확실하게 구축되어 있었다. 특히 리옹은 전통적으로 유명한 요리와 빵의 도시였다. 이곳에서 2년마다 월드 패스트리컵 대회가 열렸고, 프랑스 정부로부터 국가 훈장을 받은 최고의 명인 가브리엘 파이야송도 이곳에 매장을 갖고 있었다.

영훈이가 입학한 리옹제과전문기술학교는 말 그대로 졸업과 동시에 전문가임을 인정받는 학교였다. 파리의 르 꼬르동 블루와는 달리 지역의 대표 전문학교라 학비도 저렴했다. 학생 수도 적어 훨씬 섬세한 수업을 기대할 수 있었다. 무엇보다 이곳에는 쓸데없는 탁상공론, 이론 수업이 없었다. 일주일 중 월요일에만 이론을, 화요일은 실기를, 그리고 나머지 기간 동안엔 모든 학생이 반드시 소속된 제과점에서 현장 실습을 받아야 했다.

‖ 설탕 공예에 매료된 아이 ‖

영훈이는 주말을 제외하고 이틀은 학교에서, 사흘은 필립의 가게에서 보냈다. 아주 즐거운 듯했다. 녀석은 가운을 유니폼처럼 입고 코에 늘 밀가루를 묻힌 채 리옹 거리를 누볐다.

필립은 틈나는 대로 내게 전화를 걸어, 영훈이가 매우 잘하고 있고 손재주가 좋은 뛰어난 아이라고 칭찬을 아끼지 않았다. 그는 학생들을 다루는 데 탁월했다. 학생에게 새로운 분야를 소개하고 시기마다 어려운 목표를 던져주어 발전하도록 유도하곤 했다.

필립의 가게는 케이크와 빵과 더불어 아이스크림까지 전문으로 하는 곳이었다. 아이스 카빙 기술자인 그는 리옹의 호텔에서 행사가 있을 때마다 주문을 받아 얼음을 조각했다. 그는 큰 얼음 덩어리를 옮길 때마다 늘 영훈이의 힘을 빌렸다.

"영훈, 저 어마어마한 얼음덩어리를 나와 함께 옮겨주겠니?"

영훈이의 호기심을 유발하기 위한 작전이었다. 영훈이가 자신이 조각하는 모습에 빠져들어 하염없이 구경하는 것을 본 후, 그는 다음 작전으로 넘어갔다. 어느 날, 그는 영훈이를 불러 칼자루를 쥐어주었다.

"영훈, 너도 나 따라서 한 번 해볼래?"

아무것도 모르는 영훈이에게 얼음 조각을 시킨 것이다.

이런 일이 잦아지면서 그는 영훈이가 조각에 재능이 있다는 걸 알게 됐다. 유학을 시작한 지 6개월이 지날 무렵, 그는 영훈이에게 디저트 케이크 대회 참가를 권유했다. 아무것도 모르는 영훈이를 필립이 도와준 것이 전부인데 결과는 예선 통과. 32명 중 12명 안에 든 것이었다.

필립은 열심히 하는 학생에겐 누구보다도 친절하고 관대하지만, 불성실한 학생에겐 하루아침에라도 등을 돌릴 수 있는 사람이었다. 그러나 그는 절대로 호통을 치거나 직설적으로 야단치지 않고 행동을 통해 아이 스스로 잘못을 깨닫게 만들었다.

예선전을 통과하고 나서 우쭐해진 영훈이는 슬슬 꾀를 부리기 시작했다. 본선이 다가오는데도 연습 시간에 충실하지 않고 디자인 구상도 제대로 하지 않았다. 그때 필립이 손을 놓았다.

"영훈, 너는 재능이 있으니까 충분히 혼자서 해낼 수 있을 거야."

큰일이었다. 필립이 다 해줄 줄 알고 만사태평이었는데, 대회가 코앞에 닥쳐와도 아무 생각도 떠오르지 않는 것이었다. 그 결과 12명 중 8등. 참담했다.

하지만 배운 것도 많았다. 2003년에 영훈이가 월드 패스트리컵 대회에 출전해서 아이스 카빙 분야 특별상을 받고, 기능올림픽에 출전할 마음을 먹게 된 것도 이때의 경험이 큰 역할을 했다.

1년 반 동안 필립의 가게에서 실습을 한 후, 영훈이는 가브리엘 파이야송의 가게로 옮겼다. 그와 아주 각별한 사이인 필립이 다리를 놓아준 덕분이었다.

　필립도 그렇지만 파이야송에게 배우는 건 대단한 영광이었다. 그는 리옹 시내의 레스토랑 어디를 가도 지배인이 맨발로 뛰어나올 정도로 유명한 사람이었다. 평생 빵을 구운 그는 프랑스 빵의 가치를 높인 공로로 국가훈장, 문화훈장 등 정부 훈장을 3개나 받았고, 역대 최연소로 한국의 기능장에 해당하는 프랑스 최고기술자 MOF에 선정되기도 했다. 그는 프랑스 제과계의 슈퍼스타였다.

　파이야송은 학생들이 꾀를 부리거나 나태해지면 바로 제 자리에 되돌려 놓을 줄 아는 특별한 지혜와 기지를 가진 사람이었다. 그는 영훈이가 놀다가 지각을 하면 구석에 있는 의자에 앉혀놓고 신문을 준다.

　"영훈, 신문 보고 즐겁게 있어요."

　모두들 분주하게 일하는데 신문을 읽으라니, 불안해서 죽을 지경인데 이번에는 양주를 한 잔 갖다 주며 마시라고 한다.

　"자, 쭉 마셔요. 한꺼번에 쭉."

　죽을 맛이었다. 그렇게 2시간 동안 의자에 앉아서 벌을 받는다. 영훈이가 또 지각을 하면, 앉아 있는 시간은 3시간으로 늘어나고 마셔야 할 양주도 두 잔으로 늘어났다. 꼼짝없이 영훈이는 공부에 집중해야만 했던 것이다.

　파이야송의 특기는 설탕 공예였다. 필립을 통해 아이스 카빙을 배운 영훈이는 이어 설탕 공예라는 또 다른 특별한 분야를 만나게 된 것이다. 영훈이는 설탕을 끓여 입으로 불고 손으로 당겨 특별한 조각품을 만들어내는 설탕 공예에 처음부터 매력을 느꼈다. 모두들 떠나고 난 밤에 혼자 설탕 방에 틀어박혀 주변에 떨어진 설탕 조각을 모아 밤새도록 만지길 수 차례. 다음날 파이야송에게 보여주면 그는 칭찬과 비판을 함께 던져주곤 했다.

"영훈, 좋아. 나뭇잎이 바람에 흔들리는 듯 살아있어. 그런데 가지의 느낌을 좀더 살려봐. 생명력이 조금 부족해."

파이야송에게서 영훈이는 빵뿐 아니라 빵을 만드는 감성까지 배울 수 있었다. 그는 작은 케이크 한 조각을 만들면서도 주제를 정하고 이름을 붙이곤 했다. '내 정원의 그네', '아버지의 가르침', '할머니 냄새' 등 그가 구워내는 쿠키와 빵의 이름은 그 자신의 인생 경험에서 나온 것이었다.

어느 날 그는 둥근 호밀가루 반죽 안에 카망베르 치즈를 넣은 빵을 만들면서 제목을 '영훈이의 비밀'이라고 붙이면서 이렇게 말했다.

"겉은 어린 아이처럼 부드럽다. 아무것도 없지. 하지만 속에는 오랫동안 발효된 꿈을 감추고 있어."

그것은 빵 굽는 아버지에게서 태어나 똑같이 빵 굽는 길을 선택한 영훈이에 대한 격려이자 응원이었다.

파이야송의 집에서 영훈이는 설탕 공예에 듬뿍 빠졌다. 늘 설탕덩어리를 반죽하고 당기고 하니 손에서 물집이 가실 날이 없었다. 물집이 채 아물기도 전에 설탕을 당기니 일하던 중에 물집이 터져 손에서 진물이 뚝뚝 떨어지곤 했다. 그곳에서 영훈이는 1년을 일했다. 그 후 '몽떼라'라는 초콜릿 전문점에서 1년 반을 수련하며 초콜릿 공예까지 배울 수 있었다.

|| 썩은 사과나무 살리기 ||

영훈이에게도 방황의 시기는 있었다. 필립의 제과점에서 일할 때의 일이었다. 1년 만에 자격증을 따고 우쭐해진 녀석은 한국인 유학생들에게 휩쓸리면서 자꾸 일을 소홀히 하게 됐다. 짐짓 걱정을 하던 필립이 조심스레 뭔가 조치가 필요할 것 같다고 상의를 해왔다. 우리는 기숙사비와 생활비 명목으로 보내주는 비용을 과감히 삭감하기로 했다. 돈이 없으면 나갈 수가 없을 테고 그러면 잠시의 방황은 해결할 수 있을 거라 믿었던 것이다.

그런데 그 조치가 오히려 화가 됐던 모양이다. 영훈이가 이제는 아예 결근을 하고 종적을 감춰버렸다는 연락이 왔다. 돈이 없다고 해도 술 사주겠다 여자 소개시켜준다 불러대는 유학생들의 성화는 피할 수가 없었다. 오히려 돈은 궁해지면서 인간관계는 자꾸만 꼬이고, 즐겁기만 했던 제과일도 두렵게만 느껴진 아이는 최악의 선택을 하고만 것이다.

행방을 감춘 지 일주일. 모두들 백방으로 알아보았지만 숨겠다고 사라진 놈을 찾을 길이 없었다. 아내는 괜히 어린 나이에 유학을 보냈다며 눈물로 나날을 보냈다.

그때 갑자기 영훈이가 나타났다고 연락이 왔다. 일주일간 파리에서 유학하는 친구 집에서 지내던 영훈이는 '이제 내 인생은 끝났다'고 절망에 빠졌다고 한다. 그러나 친구가 "부모님을 생각해서라도 네가 이러면 안 된다. 돌아가서 용서를 빌고 다시 시작하라"고 설득했다고 한다. 나를 군대에 보내려고 훈련소까지 따라왔던 친구 같은 소중한 친구가 녀석에게도 있었던 것이다.

그렇게 탕아는 돌아왔다. 그리고 나 대신 필립이 옆에 자리 잡고 아버지 역할을 톡톡히 해주었다. 그는 돌아온 영훈이를 보고 아무 말도 하지 않았다. 그냥 평소처럼 일을 시킬 뿐이었다.

퇴근 무렵 그가 영훈이를 불러 세웠다.

"영훈, 사과나무에 사과가 주렁주렁 열렸어. 그 중에 10개가 썩었다고 나무를 잘라버릴 거야?"

영훈이는 고개를 숙이고 대답했다.

"아뇨, 안 자를 거예요. 썩은 건 따버리고 새 사과가 열리길 기다릴 거예요."

"그래, 영훈. 바로 그거야."

필립은 영훈이의 어깨를 다독여주었다.

"네가 썩은 사과를 떼어내고 다시 빨갛고 튼튼한 열매를 맺을 수 있도록 내가 도와줄게."

이것으로 영훈이는 방황을 끝냈다. 필립이 월드 패스트리컵 대회에 나가보라고 권한 것도 그 즈음이었다. 녀석은 유학생들과의 소모적인 관계를 완전히 청산했다. 그리고 하루에 10시간이 넘게 얼음덩이와 싸우는 연습벌레로 변해갔다.

석 달쯤 더 두고 보다가 나는 녀석의 용돈을 인상해줘야겠다고 생각했다. 그런데 이번에는 영훈이가 괜찮다고 마다하는 게 아닌가.

"아버지, 하루종일 연습만 하니까 돈 쓸 일이 없어요. 밖에 나갈 때도 공장 가운 입고 다니니까 옷도 필요 없고요. 그냥 보내시던 대로 보내세요."

다른 사람 같으면 그래도 힘드니 더 쓰라고 조금 더 보냈을 텐데, 나는 녀석의 말대로 딱 보내던 만큼만 보냈다.

대를 잇는 기쁨

|| 기능올림픽 제과 부문 한국 최초의 메달 || 한국은 기능올림픽 강국이다. 1977년부터 지금까지 총 17번 대회에 참가해 이 중 14번 종합우승을 거머쥐었다. 그런데 유독 제과 분야에서만큼은 아직 갈 길이 멀다. 기능올림픽 제과 분야는 1999년에야 시작돼 역사가 짧긴 하지만, 2003년 내 아들 영훈이가 동메달을 딴 것이 지금까지 유일한 수상 기록이다. 그런데 거기엔 이유가 있었다. 제과에 관한 한 한국은 세계 무대에서 후발주자로 인식돼 있는 것이다.

영훈이는 기능올림픽을 정말 열심히 준비했다. 새벽에 제과학교에 가서 하루종일 연습을 하고 밤 12시가 넘어 손이 퉁퉁 불어 돌아오기 일쑤였다. 기능올림픽은 양과자, 초콜릿, 설탕 공예 등 부문에서 4일에 걸쳐 3개의 작품을 만들어야 하기 때문에 연습량도 그만큼 많다.

그렇게 열심히 준비하고 스위스에 도착했는데, 처음부터 분위기가 좋지 않았다. 심사위원들이 노골적으로 한국 선수들을 무시하는 것이었다.

경기 시작부터 차별은 시작됐다. 몇 명의 협회 스태프가 영훈이의 재료와 도구 등을 경기 테이블로 옮겨 세팅하도록 도와주자, 심사위원이 다가와 규칙 위반이라며 화를 내는 것이었다. 옆의 일본 선수도, 이탈리아나 스위스 선수도 다 스태프의 도움을 받고 있는데 유독 왜 영훈이에게만 주의를 주는지 이해할 수 없었다.

첫날 영훈이의 작업 과정은 누가 보아도 완벽했다. 분명히 좋은 점수를 받을 수 있는 진행 솜씨였다. 그러나 심사위원들은 아무 관심도 없다는 듯 거들떠보지도 않고 넘어갔다.

둘째 날, 양과자 작품이 완성되자 상황은 달라졌다. 관람객들의 눈에도 영훈이의 작품이 최고라는 것이 확연히 드러났던 것이다. 선수들은 영훈이의 실력을 감지하고는 긴장했고 심사위원들 중 몇몇도 깊은 관심을 보였다. 그러나 역시 핵심 심사위원들은 무시하는 태도로 일관했다.

셋째 날은 영훈이의 특기인 초콜릿 공예 작품이 완성된 날이었다. 작품은 정말 눈을 뗄 수 없이 아름다웠다. 놀란 선수들이 다가와 "너 정말 잘 하는구나. 아무래도 네가 상을 타겠다"고 칭찬을 퍼부었고, 몇몇 심사위원들은 "원더풀, 뷰티풀"을 외치며 영훈이를 끌어안을 정도였다. 명함을 주면서 꼭 유럽에 와 함께 일하자고 제안하는 심사위원도 있었다. 영훈이는 적어도 은메달은 받지 않을까 하는 기대를 품게 되었다.

그러나 경기장 입구에 걸려 있는 3일간의 경기 성적을 보니 영훈이는 겨우 5위에 불과했다. 정말 억울한 점수였다. 점수를 보고 충격을 받았을 게 분명했다. 그러나 아이는 마지막 날에도 흔들리지 않고 설탕 공예 작품을 순조롭게 완성했다.

그날 밤 영훈이가 숙소에 있는데 스위스 진행요원들이 싱글싱글 웃으며, "김영훈, 너 4등이다, 4등!" 하고 놀리더란다. '4등이라니. 누가 봐도 확연한 실력 차이가 보였는데 공정한 평가를 받지 못하다니.' 그러나 아이는 이내 마음을 진정시켰다.

다음날 시상식에서 반전이 일어났다. 제과 분야 동메달 수상자로 영훈이의 이름이 호명된 것이다. 기능올림픽 제과 분야 최초의 메달이었다. 차별을 참아가며 인내심을 잃지 않고 끝까지 노력한 덕분이었다.

하지만 이것은 시작에 불과하다. 아무리 푸대접을 받아도 우리는 계속 기능올림픽에 출전할 것이고, 유럽 국가들이 아무리 텃세를 부려도 한국이 실력으로 1등을 차지할 날이 오고야 말 것이다. 그리고 그들도 우리의 제과 실력을 부인할 수 없는 날이 오고야 말 것이다.

‖ 가족 모두가 함께 드린 기도 ‖

2002년 영훈이는 프랑스에서 귀국하자마자 이듬해 1월에 있을 월드 패스트리컵 대회 준비로 눈코 뜰 새 없이 바빴다. 영훈이의 스승인 파이야송이 이 대회의 창시자이고, 또 다른 스승인 필립이 공식 트레이너로 직접 영훈이에게 아이스 카빙을 지도하고 있어서 주변에서 영훈이의 수상에 대한 기대가 고조되어 있었다.

영훈이는 하루에도 10~12시간씩 연습에 매달렸다. 본인도 꼭 상을 받아야 한다는 중압감을 갖고 있었다. 어느 날이었다. 7시간이 넘는 연습으로 녹초가 되어 있던 아이는 스트레스가 극에 달한 모양이었다. 일자칼을 쥐고 얼음을 내리치던 순간, 손에 쥐었던 칼이 미끄러지면서 오른손 중지에서 새끼손가락까지 반 가량이 절단되고 말았다. 피가 마구 터지고 손가락 세 개가 떨어질 듯 겨우 붙어 있었다. 영훈이는 손가락을 감싸 쥐고 내게 전화를 걸었다.

"아버지, 저 손을 다쳤는데요. 좀 크게 다친 것 같아요. 빨리 좀 와주세요."

침착하게 말했지만 목소리는 예사롭지 않았다. 얼른 달려가니 상황이 심각했다. 혈관, 힘줄, 인대가 다 끊어진 상태였다. 병원에서는 빨리 봉합하지 않으면 손가락을 잃을 수도 있다고 했다. 아내는 울며 수술 서약서를 쓰고 의료진들이 수술 준비를 하는데, 나는 불길한 예감이 들었다.

"손가락을 봉합하게 되면 예전처럼 손을 쓸 수 있나요?"
"그건 장담 못합니다."
"이 병원에선 손가락 봉합 수술을 많이 했습니까?"
"그렇지는 않습니다."

나는 당장 수술을 그만 두라고 했다. 아내는 지금 당장 수술을 안 하면 손가락을 잃을지도 모른다는데 무슨 말이냐며 말렸지만, 그렇게는 할 수 없었다. 기능인인 영훈이에겐 손가락이 생명이었다.

나는 의사 친구에게 전화를 걸어 손가락 봉합 수술에 정통한 사람이 누구냐고 물었다. 우리는 이미 출혈 때문에 얼굴이 하얘진 영훈이를 안고서 그 친구가 알려준 병원으로 달려갔다. 20여 분 정도의 거리가 그때처럼 멀게 느껴진 적이 없었다.

수술실에 아이를 들여보내고, 아내는 병원 바닥에 주저앉아 흐느껴 울었다. 나는 벽에 머리를 쥐어박았다. 어떻게 이런 일이 생길 수 있단 말인가?

7시간이나 걸리는 대수술이었다. 끊어진 혈관, 인대, 힘줄을 하나씩 다 이어야 손가락이 정상적으로 움직일 수 있었다. 수술이 끝나고 입원실로 옮겨졌을 때도 영훈이는 의식을 회복하지 못하고 있었다.

내 생애 가장 길고 어두운 밤이었다. 소식을 들은 은혜는 오빠에게 달려오겠다고 울고, 영국에 있는 재훈이는 당장 한국으로 돌아오겠다며 흥분을 했다. 나는 두 아이를 진정시키며 각자 있는 자리에서 함께 기도를 드리자고 했다.

아내와 나는 손을 잡고 기도를 시작했다.

"하나님, 우리에게 신념을 주세요. 모든 것을 당신에게 맡깁니다. 저 아이는 우리에게 밝은 태양과도 같은 축복입니다. 그 아이가 계속 웃으며 살아갈 날들을 허락해주세요. 영훈이에게 이겨낼 힘을 주세요."

그 시간 집에 있던 어린 은혜도, 영국에 있는 재훈이도 모두 한마음으로 기도했다. 영훈이는 다음날 오후 21시간 만에 의식을 회복했다. 아무 것도 먹지 못하고 포도당 주사만 맞으며 누워 있기를 5일. 영훈이는 가운데 손가락을 움직여보았다. 그렇게 빠른 회복은 처음이라고 했다.

한 달 정도 몸을 추스르고, 영훈이는 다시 아이스 카빙 도구를 손에 쥐었다. 새끼 손가락이 잘 구부러지지 않는 것이 조금 불편할 뿐, 출전하는 데는 아무런 무리가 없었다.

2003년 1월, 영훈이는 프랑스 리옹으로 건너가 월드 패스트리컵 대회에 도전했다. 결과는 아이스 카빙 부문 특별상 수상! 나와 아내, 재훈이와 은혜, 영훈이, 우리 모두 함께 이뤄낸 기도의 힘이었다.

|| 벌써 2세를 생각하는 아이 ||

영국에서 3년, 프랑스에서 4년, 모두 합쳐 7년간의 유학생활. 14살에 떠나보낸 둘째 녀석이 21살이 되어 돌아왔다. 영훈이가 유학을 다녀와서 좋은 것은, 그동안 그림의 떡이기

프랑스 리옹의 월드 패스트리컵 대회에 출전한 영훈이는 아이스 카빙 부문 특별상을 수상했다(가운데). 세 손가락을 잃을 뻔한 위기를 딛고 이루어낸 것이라 더욱 대견하다.

만 했던 해외 제과 전문지의 과자와 케이크 레시피를 영훈이가 척척 번역해주고 해설까지 해준다는 것이다. 특히 한국에서는 좀처럼 볼 수 없는 재료 같은 것을 이해할 때에 많은 도움이 됐다. 서당 개 3년이면 풍월을 읊는다고, 덕분에 지금은 영훈이의 도움 없이도 간단한 레시피 정도는 나 혼자 번역할 수 있는 수준에 이르렀다.

아무리 내가 아버지고 제과 경력이 오래되었어도 다른 문화권에서 빵을 배워온 만큼 내가 모르는 것을 영훈이가 알 경우가 상당히 많다. 반면 한국에서 2~3년 정도의 제과 경력이면 충분히 알 수 있는 상식을 영훈이가 모를 때도 많다. 그래서 함께 빵에 대해서 이야기를 나누다 보면 서로 모르는 것을 많이 배우게 된다.

물론 마음에 들지 않는 부분도 있다. 프랑스에선 각자 임무를 던져주면 실패하든 말든 혼자 알아서 터득하도록 창의적으로 가르치지만, 한국은 배합이면 배합, 반죽이면 반죽, 발효면 발효, 눈금 하나 틀리지 않게 규격에 맞춰 가르친다. 분명히 정석이 있는데도 불구하고 자기 혼자 해본다며 낑낑대고 있는 모습을 볼 때면 답답함이 치밀어 오른다. 내가 가르쳐줘도 자기 고집대로 하는 걸 보면 머리를 콕 쥐어박고 싶다.

하지만 그게 영훈이가 배워가는 방법인 것이다. 고집을 부리다가도 망쳐본 후에야 "맞아요. 아빠 말이 옳았어요"라고 말한다.

한편으로는 시스템 상에서 우리가 받아들여야 할 부분을 지적하기도 한다.

"아버지, 선후배 간의 위계질서도 좋지만 윗사람이 아랫사람의 의견을 무조건 무시하는 것도 좋지 않아요."

"정확한 것도 좋지만 수치를 재는 데 시간이 너무 걸려요. 눈금 재고

저울 재느라 배합하는 데만 한 시간이 걸린다는 건 심해요. 정확하되 빨리 처리하는 방법이 있어야 할 것 같아요."

이런 지적은 아주 달게 받아야 할 것들이라 임원들과 의논을 하여 공장에서 반영하도록 지시를 하였다.

녀석은 지금 제빵 관련업체에서 산업체 군복무 중이다. 지금도 여전히 밤이나 낮이나 하얀 가운만 입고 돌아다닌다. 나는 빨리 군복무를 마치고 우리 가게에서 일을 했으면 좋겠는데, 녀석은 싫다고 한다. "아직 배울 게 많아요. 김영모 과자점에서 일할 만큼 실력이 좋지 않아요."

최근 녀석이 깜짝 놀랄 발언을 두 가지나 했다.

"아버지, 저는 군복무를 마치면 우리나라에서 여건이 가장 힘든 제과점에서 어느 정도 일해보고 싶어요."

"왜 그런 생각을 했니?"

"지금까지 너무 좋은 환경에서만 공부했잖아요. 제과인들이 다들 월급도 제대로 못 받는 공장에서 고생고생하며 크는데, 저는 너무 호강만 했어요."

"……"

"빵 맛은 인생의 연륜에서 나온다잖아요. 어려운 곳에서 일하면서 그 사람들의 마음을 알고 싶어요. 지금처럼 아무것도 모르고 편하게 배우면 나중에 고생한 사람들 마음도 이해하지 못할 거고, 그 사람들과 어울릴 수도 그 사람들을 다룰 수도 없을 거예요. 더 나이 먹기 전에 그런 경험을 해봐야 해요."

녀석은 프랑스 유학시절 경험 덕택이었는지 매사에 근검절약하는 습관이 완전히 몸에 뱄다. 멋도 부릴 만한 나이건만 옷 한 벌 제 손으로 사 입는 법이 없다. 일 년 열두 달 공장 가운 하나만 있으면 멋내기 끝이다. 어머니가 옷 좀 사 입으라고 용돈을 주어도 "가운처럼 멋있는 옷이 어디 있다고 그러세요? 엄마도 아버지 가운 입은 모습에 반해서 결혼한 거 아니에요?" 한다.

또 다른 충격 발언은 전혀 다른 주제였다.

"저는 빨리 결혼을 해야겠어요."

24살밖에 안 된 녀석이 벌써 결혼이라니, 은근히 괘씸한 생각이 들었다. 그런데 이유를 말하는데 깜짝 놀라고 말았다.

"아버지는 기능인이라면 머릿속에 있는 걸 모두 손으로 옮겨놓을 수 있어야 한다고 늘 말씀하셨잖아요. 기능인의 생명은 섬세한 손놀림에 있어요. 제가 아버지께 배운 것부터 시작해서 보고 배우고 경험한 걸 모두 제 자식한테 고스란히 물려줘야 하는데, 그 때 가서 나이 들어 손도 떨리고 제대로 움직일 수 없으면 어떡해요. 한 살이라도 젊을 때, 손이 떨리지 않을 때 자식에게 모든 걸 전수하고 싶어요. 어머니처럼 따뜻한 여자만 있으면 당장이라도 결혼할 거예요."

녀석은 벌써 자신의 2세에게 대를 이어줄 생각을 하고 있었다.

"두고 보세요. 저는 아버지를 뛰어넘을 거예요. 그리고 제 아이는 저를 뛰어넘을 거고요. 그냥 아들이라는 이유로 물려받는 거라면, 저는 김영모 과자점을 물려받지 않겠어요. 더 발전시켜서 아버지가 이룬 것을 뛰어넘을 거예요. 그게 제가 할 수 있는 가장 큰 효도라고 생각해요."

밤새 꽃피우는 세 부자의 수다

첫째인 재훈이까지 방학을 맞아 한국에 와 있는 날이면 아내는 세 부자를 향해 핀잔을 주는 일이 잦다. 집 근처 양재천으로 산책을 나가면 서너 시간은 훌쩍 보내고 돌아오는 게 보통이고, 새벽까지 식탁에서 술잔을 기울이며 속닥거리는 세 남자들이 뭐가 예쁘겠는가?

일평생 온 정신을 빵 만들고 빵집 운영하는 데 기울인 남편도 모자라, 영국에서 경영학을 공부하고 있는 첫째 녀석과 빵 만드는 데 미친 둘째 녀석까지 가세해 온통 빵집 얘기뿐이니 머리가 지끈지끈할 만도 하다.

"내가 보기에 윈도 베이커리에선 빵이 돋보이게 하는 게 최고야. 빵집 디스플레이에선 빵이 맛있어 보이게 진열하는 게 최우선이라고. 아직도 우리 가게엔 보완할 게 많아."

영훈이가 한 마디 던지면 재훈이가 반론을 던진다.

"경영 관점에서 보면 그렇지만도 않아. 고객들이 들어와서 구매를 고려하기까지 동선을 잘 살펴야 한다고. 빵집이라곤 하지만 그래도 결국은 매장이잖아. 빵만 잔뜩 늘어놓는다고 다 해결되는 게 아니라고."

그렇게 시작된 이야기는 동이 터올 때까지 계속된다. 아들도 머리가 커지면 친구가 된다고 했던가? 우리는 아내의 구박을 받아가며 밤새 꽃피우는 수다 시간이 그렇게 즐거울 수가 없다.

내 직업을 물려줄 수 있는 2세가 있다는 건 얼마나 큰 축복인가. 내가 쌓은 지식, 빵을 만드는 노하우, 수십 년간 빵집을 경영하면서 터득한 지혜까지 물려줄 수 있으니 그 만큼 기쁜 일이 없다. 게다가 앞으로 경쟁력을 갖고 더 체계적으로 성장할 수 있는 바탕을 만들어줄 재훈이의 경영과 마케팅 노하우까지 덧붙여준다면, 김영모 과자점은 내가 구상하고 만들었던 그림을 훨씬 뛰어넘는 빵집으로 성장할 게 분명하다.

빵 하나로 전 세계인의 미각을 사로잡는 오스트리아의 사커 호텔과 같은 명문 빵집, 몇 대씩 이어져가며 빵 맛과 전통을 잃지 않는 프랑스의 전설적인 빵집의 후예들이 짐 가방을 싸들고 우리에게서 배우겠다고 찾아오는 날이 머지않아 꼭 오기를 꿈꾼다.

독일의 뮌스터라는 소도시에서 찾아낸 120년이 된 어느 빵집은 빵을 전시해놓은 테이블조차 골동품 느낌을 풍기는 겨우 12평 정도의 가게였다. 4대째 이어져 내려온 그 가게의 소유자는 그해 43세를 맞은 젊은 사장이었다.

"당신의 가게가 특별한 이유는 무엇입니까?" 내 질문에 그는 이렇게 대답했다.

"시간입니다. 우리 가게에서 손님들은 지난 120년의 흘러간 시간을 느낍니다."

언젠가 내 아들, 손자가 빵을 굽고 있는 가게에 내 손님들이 찾아갈 것이다. 그들은 그곳에서 나의 흔적을 발견하고는 반가워하고, 나와 나누었던 시간에 대해 이야기를 나누며 감회에 젖을 것이다.

"제 빵 먹고 행복해지세요."